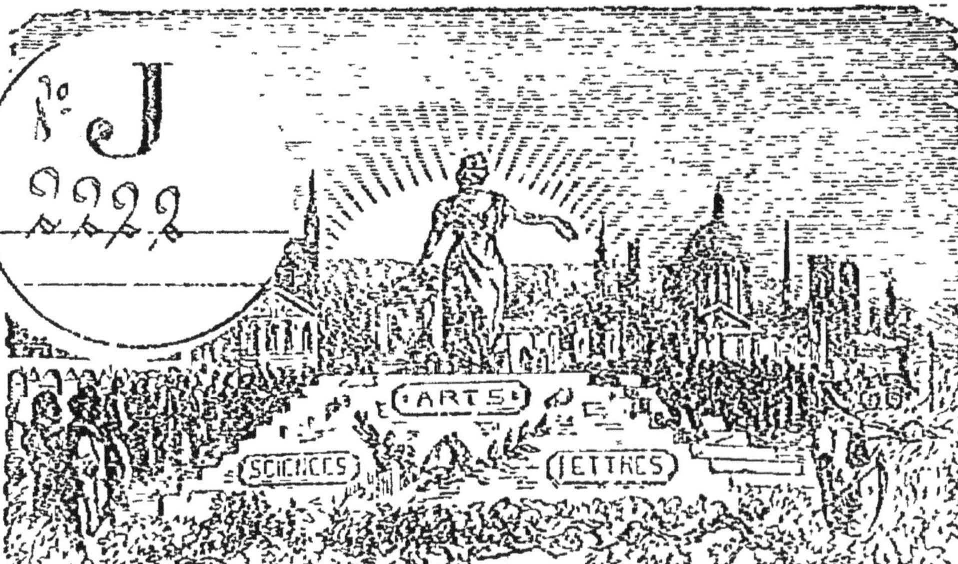

BIBLIOTHÈQUE NATIONALE

XÉNOPHON

LA CYROPÉDIE OU HISTOIRE DE CYRUS

TOME I

PARIS
Librairie de la BIBLIOTHÈQUE NATIONALE
L. PFLUGER, Éditeur
Passage Montesquieu, 5, rue Montesquieu
PRES LE PALAIS-ROYAL

Bibliothèque Nationale. — Volumes à 25 c.
CATALOGUE AU 1er JANVIER 1895

Alfieri. De la Tyrannie...... 1
Arioste Roland furieux.... 6
Beaumarchais. Mémoires... 5
— Barbier de Séville...... 1
— Mariage de Figaro...... 1
Beccaria. Délits et Peines.. 1
Bernardin de Saint-Pierre. Paul et Virginie......... 1
Boileau Satires. Lutrin.... 1
— Art poétique. Epîtres.... 1
Bossuet. Oraisons funèbres. 2
— Discours sur l'Histoire universelle............... 3
Boufflers. Œuvres choisies. 1
Brillat-Savarin. Physiologie du Goût............... 2
Buffon. Discours sur le Style. Etude sur l'Histoire naturelle. Les Epoques de la Nature. Sur la Conservation des Forêts.......... 2
Byron. Corsaire. Lara, etc. 1
Cazotte. Diable amoureux.. 1
Cervantes. Don Quichotte.. 4
César. Guerre des Gaules.. 1
Chamfort Œuvres choisies. 3
Chapelle et Bachaumont. Voyages amusants....... 1
Chateaubriand Atala. René. 1
Cicéron. De la République. 1
— Catilinaires. Discours... 1
— Discours contre Verrès.. 3
— Harangues au Peuple et au Sénat................ 1
Collin-d'Harleville. Le Vieux Célibataire. M. de Crac.. 1
Condorcet Vie de Voltaire. 1
— Progrès de l'Esprit humain.................. 2
Corneille. Le Cid. Horace.. 1
— Cinna. Polyeucte........ 1
— Rodogune. Le Menteur. 1
— Nicomède. Pompée...... 1
Cornélius Népos. Vies des grands Capitaines, etc... 2
Courier (P.-L.). Chefs-d'œuvre 2
— Lettres d'Italie.......... 1
Cyrano de Bergerac. Œuvres 2
D'Alembert. Encyclopédie.. 1
— Destruction des Jésuites. 1
Dante. L'Enfer............. 2
Démosthène. Philippiques et Olynthiennes.......... 1
Descartes. De la Méthode. 1
Desmoulins (Camille). Œuvres....................... 3
Destouches. Le Philosophe marié La Fausse Agnès. 1
Diderot. Neveu de Rameau. 1
— La Religieuse.......... 1
— Romans et Contes...... 2
— Paradoxe du Comédien. 1
— Mélanges philosophiques 1
— Jacques le Fataliste.... 2
Duclos. Sur les Mœurs..... 1
Dumarsais. Essai sur les Préjugés................. 2
Dupuis. Origine des Cultes. 3
Epictète. Maximes......... 1
Erasme. Eloge de la Folie. 1
Fénelon. Télémaque........ 3
— Education des Filles.... 1
— Discours à l'Académie. Dialogues sur l'Eloquence
Florian. Fables............ .
— Galatée. Estelle......... 1
— Gonzalve de Cordoue.... 2
Foë. Robinson Crusoé..... 4
Fontenelle. Dialogues des Morts................. 1
— Pluralité des Mondes... 1
— Histoire des Oracles.... 1
Gilbert. Poésies............ 1
Gœthe. Werther........... 1
— Hermann et Dorothée... 1
— Faust.................. 1

Goldsmith. Le Ministre de Wakefield................ 2
Gresset. Ver-Vert. Méchant 1
Hamilton. Mémoires du Chevalier de Grammont...... 2
Helvétius. Traité de l'Esprit. 4
Hérodote. Histoire......... 5
Homère. L'Iliade............ 3
— L'Odyssée................ 3
Horace. Poésies........... 2
Jeudy-Dugour. Cromwell.. 1
Juvénal. Satires... 1
La Boëtie. Discours sur la Servitude volontaire..... 1
La Bruyère. Caractères.... 2
La Fayette (Mme de). La Princesse de Clèves..... 1
La Fontaine. Fables........ 2
— Contes et Nouvelles..... 2
Lamennais. Livre du Peuple. 1
— Passé et Avenir du Peuple 1
— Paroles d'un Croyant.... 1
a Rochefoucauld. Maximes 1
e Sage. Gil Blas.......... 5
- Le Diable boiteux....... 2
- Bachelier de Salamanque 2
— Turcaret, Crispin rival.. 1
Lespinasse (Mlle de). Lettres choisies)................ 1
inguet. Histoire de la Bastille................... 1
ngus. Daphnis et Chloé... 1
cien. Dialogues des Dieux it des Morts............. 1
crèce. De la Nature des Choses.................. 2
ably. Droits et Devoirs... 1
Entretiens de Phocion.. 1
chiavel. Le Prince...... 1
istre (X. de). Voyage autour de ma Chambre..... 1
Prisonniers du Caucase. 1
istre (J. de). Soirées de Saint-Pétersbourg....... 1
lherbe. Poésies........ 1
rivaux. Théâtre......... 2
rmontel. Les Incas...... 2

Marmontel. Bélisaire...... 1
Massillon. Petit Carême... 1
Mercier. Tableau de Paris. 3
— L'An MMCCCCXL...... 3
Milton. Paradis perdu...... 2
Mirabeau. Sa Vie, ses Opinions, ses Discours....... 5
Molière. Tartufe. Dépit, 1 v; Don Juan. Précieuses, 1 v.; Bourgeois Gentilhomme. Comtesse d'Escarbagnas, 1 v.; Misanthrope. Femmes savantes, 1 v.; L'Avare. George Dandin, 1 v.; Malade imaginaire. Fourberies de Scapin, 1 v.; L'Etourdi. Sganarelle, 1 v; L'Ecole des Femmes. Critique de l'Ecole des Femmes, 1 v.; Médecin malgré lui. Mariage forcé. Sicilien, 1 v.; Amphitryon. Ecole des Maris, 1 v.; Pourceaugnac. Les Fâcheux. L'Amour médecin. 1
Montaigne. Essais (1er livre) 1
Montesquieu. Lettres persanes.................... 2
— Grandeur et Décadence des Romains............ 1
— Le Temple de Gnide.... 1
Ovide. Métamorphoses..... 3
Parny. La Guerre des Dieux. Le Paradis perdu........ 1
Pascal. Pensées.......... 1
— Lettres provinciales.... 2
Perrault. Contes.......... 1
Pigault-Lebrun Le Citateur 1
— Mon Oncle Thomas..... 2
— L'Enfant du Carnaval... 2
Piron. La Métromanie..... 1
Plutarque. Vie de César... 1
— Vie de Pompée. Sertorius. 1
— Vies de Démosthène, Cicéron, Caton le Censeur. 1
— Vies de Marcellus, Marius, Sylla............. 1

Prévost. Manon Lescaut... 1
Quinte-Curce. Histoire d'Alexandre le Grand........ 3
Rabelais. Œuvres.......... 5
Racine Esther Athalie.... 1
— Phèdre. Britannicus..... 1
— Andromaque. Plaideurs. 1
— Iphigenie. Mithridate.... 1
— Bérénice. Bajazet....... 1
Regnard. Voyages........ 1
— Le Joueur. Folies....... 1
— Le Légataire universel 1
Roland (*Mme*) Mémoires.... 4
Rousseau (*J.-J.*) Emile, 4 v.; Contrat social, 1 v.; De l'Inégalité, 1 v.; La Nouvelle Héloïse, 5 vol.; Confessions 5
Saint-Réal. Don Carlos. Conjuration contre Venise... 1
Salluste. Catilina. Jugurtha. 1
Scarron. Roman comique... 3
— Virgile travesti.......... 3
Schiller. Les Brigands..... 1
— Guillaume Tell........... 1
Sedaine Philosophe sans le savoir. La Gageure...... 1
Sévigné (*Mme de*). Lettres choisies................ 2
Shakespeare. Hamlet, 1 v.; Roméo et Juliette, 1 v.; Othello, 1 v.; Macbeth, 1 v.; Le Roi Lear, 1 v.; Le Marchand de Venise, 1 v.; Joyeuses Commères, 1 v.; Le Songe d'une Nuit d'été, 1 v; La Tempête, 1 v.; Vie et Mort de Richard III, 1 v.; Henri VIII, 1 v.; Beaucoup de bruit pour rien, 1 v.; Jules César 1
Sterne. Voyage sentimental 1
— Tristram Shandy........ 4
Suétone. Douze Césars..... 2
Swift Voyages de Gulliver. 2
Tacite. Mœurs des Germains 1
— Annales de Tibère....... 2
Tasse. Jérusalem délivrée. 2
Tassoni. Seau enlevé...... 2
Tite-Live. Histoire de Rome 2
Vauban. La Dîme royale... 1
Vauvenargues. Choix 1
Virgile. L'Enéide.......... 2
— Bucoliques et Géorgiques 1
Volney Les Ruines. La Loi naturelle 2
Voltaire Charles XII, 2 v; Siècle de Louis XIV, 4 v.; Histoire de Russie, 2 v; Romans, 5 v.; Zaïre, Mérope, 1 v.; Mahomet, Mort de César, 1 v; La Henriade, 1 v.; Contes en vers et Satires, 1 v.; Traité sur la Tolérance, 2 v.; Correspondance avec le roi de Prusse................. 1
Xénophon. Retraite des Dix Mille...................... 1
— La Cyropédie.......... 2

Le vol. broché, 25 c.; relié, 45 c.; Fo, 10 c. en sus par volume.

Nota. — Le colis postal diminue beaucoup les frais de port : 1 colis de 3 kil. peut contenir 38 vol. brochés ou 34 reliés; celui de 5 kil., 65 vol. brochés ou 55 reliés.

Adresser les demandes affranchies à **M. L. PFLUGER**, *éditeur, passage Montesquieu, r. Montesquieu, près le Palais-Royal, Paris.*

Dictionnaire de la Langue française usuelle, de 416 pages

Prix, cartonné, 1 fr.; franco, 1 fr. 20.

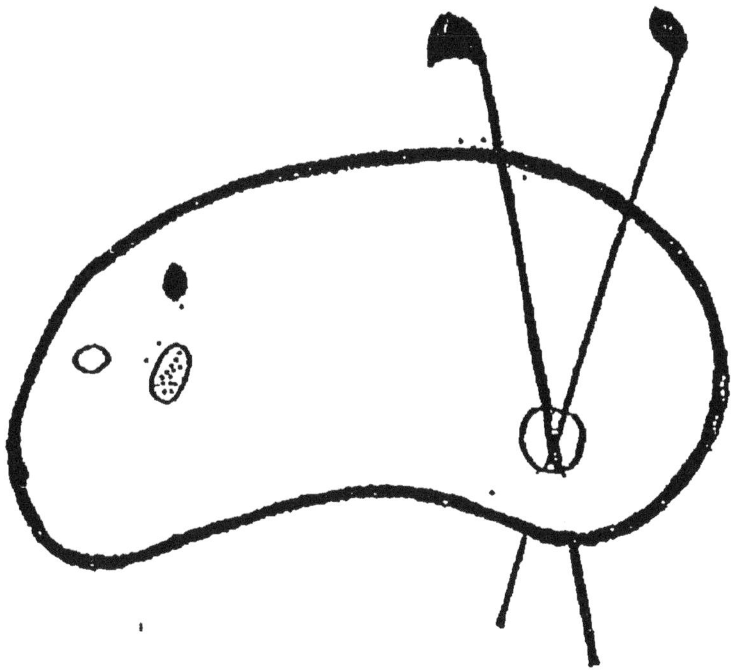

FIN D'UNE SERIE DE DOCUMENTS
EN COULEUR

BIBLIOTHÈQUE NATIONALE
COLLECTION DES MEILLEURS AUTEURS ANCIENS ET MODERNES

XÉNOPHON

LA CYROPÉDIE

OU

HISTOIRE DE CYRUS

TRADUCTION DE DACIER

TOME I

PARIS
LIBRAIRIE DE LA BIBLIOTHÈQUE NATIONALE
PASSAGE MONTESQUIEU (RUE MONTESQUIEU)
Près le Palais-Royal

1897

LA CYROPÉDIE

LIVRE PREMIER

Je considérais un jour combien de Démocraties ont été détruites par des citoyens qui aimaient mieux vivre sous un autre gouvernement; combien de Monarchies et d'Oligarchies ont été renversées par des factions populaires; combien d'ambitieux, qui ayant entrepris de s'emparer de la puissance suprême, en ont été presque aussitôt dépouillés; et avec quel étonnement on parle de l'habileté et du bonheur de ceux qui ont su la conserver, quelque peu de durée qu'ait eu leur regne. Ensuite portant mes regards sur les maisons des particuliers, je voyais que dans celles même où il y a le moins de domestiques, les maîtres ne parviennent pas toujours à être parfaitement obeis. J'observais d'un autre côté que les bœufs, les chevaux se laissent conduire par ceux qui les soignent, qu'en général tous ces gens qu'on appelle pasteurs exercent sur les animaux confiés à leur garde, une autorité absolue, et que ces animaux leur sont plus soumis que ne le sont les hommes à celui qui les gouverne. Les troupeaux, me disais-je, suivent constamment le chemin qui leur est marqué par le berger : ils paissent dans les champs où il les mène, et s'abstiennent d'entrer dans ceux qu'il leur interdit. Ils le laissent user à son gré du profit qu'ils lui rapportent : jamais on ne les vit se révolter, soit pour l'en priver, soit pour se soustraire à son obéissance. Tout autre que ce maître, qui jouit de ce qu'ils produisent, ne les trouverait ni aussi dociles, ni aussi doux ; à la différence des hommes, qui ne s'élèvent contre personne avec plus de violence, que contre ceux en qui ils croient apercevoir le dessein de les dominer. Je concluais de ces réflexions qu'il est plus facile à l'homme de gouverner les animaux de toute espèce, que ses pareils.

Mais quand je vins à considérer que le Perse Cyrus a maintenu sous ses lois une multitude innombrable d'hommes, de villes, de nations, je changeai de façon de penser ; je compris que bien loin qu'il soit impossible de gouverner les hommes, ce n'est pas même une chose difficile, pour qui se conduit avec adresse. En effet, des peuples éloignés des états de Cyrus, je ne dis pas de plusieurs journées, mais de plusieurs mois de chemin, dont les uns ne l'avaient jamais vu, les autres ne pouvaient espérer de le voir, ont reconnu volontairement son empire. Aussi. entre tous les souverains que la naissance ou le droit de conquête ont placés sur le trône, il n'y en a point qui puisse être comparé à ce Prince, pour l'étendue de la domination. Le roi des Scythes, maître d'un peuple nombreux, n'oserait tenter de reculer ses frontières, aux dépens de ses voisins ; il s'estime heureux de pouvoir contenir ses sujets naturels. On peut dire la même chose du roi de Thrace, du roi d'Illyrie, et de plusieurs autres rois ; car on sait qu'il existe encore aujourd'hui en Europe des nations, qui se régissent par leurs propres lois et sont indépendantes les unes des autres.

Cyrus voyant que l'Asie était peuplée de ces nations autonomes, se mit en marche, à la tête d'un petit corps de Perses, auxquels se joignirent les Medes et les Hyrcaniens. Avec cette armée, il subjugua les Syriens (1), les Assyriens, les Arabes, les habitants de la Cappadoce, des deux Phrygies, de la Lydie, de la Carie, les Phéniciens et les Babyloniens. Bientôt la Bactriane, l'Inde, la Cilicie subirent le même sort, ainsi que les Saces, les Paphlagoniens (2), les Mariandyns, et plusieurs autres peuples qu'il serait trop long de nommer. Il assujettit pareillement les Grecs, établis dans l'Asie : puis descendant vers la mer, il conquit l'Ile de Cypre et l'Egypte. Que de nations, qui n'entendaient point sa langue et qui ne s'entendaient point entre elles! Tel fut neammoins l'effet de la terreur de son nom, répandue dans cette immensité de pays, que personne n'osa rien entreprendre contre son autorité. Il sut,

(1) Les anciens donnaient en général le nom de *Syriens* à tous les peuples de la Mésopotamie Strabon dit (L. XVI) que tout le pays, depuis Babylone jusqu'au golfe d'Issus et au Pont-Euxin, était habité par des peuples appelés *Syriens*. C'est, sans donte, conformément à cet usage que Xénophon se permet d'étendre ou de restreindre à son gré cette dénomination : il l'emploie pour designer tantôt, comme dans ce passage, les peuples voisins des Assyriens, sans y comprendre ceux-ci, tantôt les Assyriens seuls, tantôt enfin tous ces peuples ensemble.

(2) Ces peuples sont nommés dans toutes les éditions de la Cyropédie, tantôt *Mégadins*, tantôt *Mégadides*. Hutchinson les appelle *Mariandyns*, sur la foi de Philelphe, qui les a trouvés ainsi nommés dans un ancien manuscrit. J'ai adopté d'autant plus volontiers cette leçon, que les deux premières dénominations sont inconnues à tous les anciens géographes, qui s'accordent à placer les *Mariandyns* dans les contrées que Cyrus soumit à sa puissance

d'ailleurs, si bien gagner l'affection de ses nouveaux sujets, qu'ils desiraient tous n'avoir jamais d'autre maître. C'est ainsi qu'il parvint à réunir sous son empire un si grand nombre de provinces, qu'un voyageur, partant de la capitale et dirigeant sa route vers le levant ou le couchant, vers le septentrion ou le midi, aurait eu peine à les parcourir toutes. L'admiration que m'inspirait un tel homme, m'a porte à faire des recherches sur son origine, sur son caractere et sur l'education qui l'a rendu si supérieur aux autres princes, dans l'art de regner. Je vais donc essayer de raconter ce que j'en ai ouï dire, et ce que j'en ai pû découvrir par moi-même.

Cyrus était fils de Cambyse, roi des Perses, et de Mandane, fille d'Astyage, roi des Mèdes. Cambyse descendait des Perseïdes, ainsi nommes, parce qu'ils rapportaient leur origine à Persée (1). On dit, et c'est une tradition conservée jusqu'à présent chez les Perses, que la nature, en douant Cyrus de tous les agréments de la figure, lui avait donné une âme sensible, le désir le plus ardent de s'instruire, et un amour si vif de la gloire que pour en acquérir il n'y avait point de travaux qu'il n'entreprît, point de périls qu'il n'affrontât : on aime à se rappeler qu'il réunissait les plus excellentes qualites du corps et de l'esprit. Il fut élevé suivant les usages de la Perse, qui paraissent avoir eu l'utilité publique pour principal objet; en cela bien differents des coutumes de la plupart des autres Etats, où chacun est le maî-

(1) Persée était fils de Jupiter et de Danaé : c'est d'après cette tradition fabuleuse que Crésus étant prisonnier de Cyrus (L. VII), appelle ce prince *le sang des Dieux.*

tre d'élever à son gré ses enfants, et où les enfants arrivés à un certain âge, vivent eux-mêmes comme il leur plaît. A la vérité, leurs lois défendent de voler, ou par adresse, ou par violence, de forcer les maisons, de maltraiter personne injustement, de séduire la femme d'autrui, de manquer de soumission aux magistrats; et quiconque enfreint la loi dans quelqu'un de ces points, est puni. Mais les coutumes des Perses ont l'avantage de prévenir le crime, en formant les citoyens de maniere qu'ils ne se portent jamais à rien faire qu'on puisse leur reprocher, ou dont ils aient à rougir. Or, voici en quoi elles consistent.

Le palais du roi et les édifices où les magistrats tiennent leur tribunal sont bâtis dans une grande place, nommee Eleuthere (1). Les marchands en sont bannis et relegués ailleurs avec leurs marchandises, leurs clameurs et leur grossiereté : il serait à craindre qu'un voisinage si bruyant ne troublât les exercices de la jeunesse. Cette place est divisée en quatre parties : la premiere est destinee pour les enfants, la seconde pour les adolescents, la troisième pour les hommes faits, la derniere pour ceux qui ont passé l'âge de porter les armes. Il est enjoint à tous de se rendre chaque jour dans leur quartier. Les enfants et les hommes faits doivent y être des la pointe du jour : les anciens ont la liberté de ne s'y trouver qu'autant qu'ils le peuvent commodément, excepté à certains jours marqués, où ils sont obligés de se présenter. Tous les jeunes gens, à la réserve de ceux qui sont mariés, passent la nuit autour des tribunaux avec leurs armes :

(1) *Libre*, c'est-à-dire, destinée aux *exercices libéraux*.

ceux-là ne sont tenus de s'y rendre que quand ils ont reçu un avertissement particulier; cependant, on n'approuverait pas qu'ils s'absentassent souvent.

Chacune de ces quatre classes est gouvernée par douze chefs, relativement aux douze tribus qui composent la nation des Perses. Les enfants ont pour chefs des vieillards choisis entre ceux qu'on croit les plus propres à les bien élever; les adolescents, ceux d'entre les hommes faits qui paraissent les plus capables de les former à la vertu; les hommes faits, ceux de leur classe qu'on juge avoir le plus de talent pour exciter les autres à bien exécuter les ordres du conseil suprême. Les anciens eux-mêmes, de peur qu'ils ne manquent à remplir les devoirs imposés à leur âge, ont pour surveillants quelques-uns de leurs égaux. Mais afin de mieux faire connaître comment on s'y prend en Perse pour avoir d'excellents citoyens, je vais exposer en detail ce que les lois exigent de chacune des classes dont j'ai parlé.

Les Perses envoient leurs enfants aux écoles pour apprendre les regles de la justice : c'est, disent-ils, pour ce genre d'étude que nous les y envoyons, comme ceux des Grecs vont chez les maîtres pour s'instruire dans les lettres. Les enfants ont leurs querelles ainsi que les hommes : ils s'accusent souvent les uns les autres de larcin, de vol, de violence, de tromperie, de paroles injurieuses et autres délits semblables. Le gouverneur emploie la plus grande partie du jour à juger leurs contestations et prononce une peine, tant contre les coupables qui sont convaincus, que contre ceux qui auraient accuse injustement leurs camarades. Il connaît particulièrement d'un crime d'où naissent les plus grandes inimitiés entre les hommes et contre lequel on n'a point d'action en justice, l'ingratitude. Si l'on découvre qu'un enfant, qui a reçu d'un autre quelque bon office, a négligé de lui rendre la pareille, dans une occasion où il le pouvait, on le punit avec la derniere sévérité; parce qu'on pense que les ingrats sont incapables d'aimer les dieux, leurs parents, leur patrie, leurs amis. L'impudence, compagne inséparable de l'ingratitude, conduit effectivement à tous les vices.

La tempérance et la soumission aux magistrats sont les principaux objets de cette premiere éducation. L'exemple de la vie sage et réguliere que mènent ceux d'un âge plus avancé, l'exemple de leur exactitude scrupuleuse à obeir aux chefs contribuent beaucoup à former les enfants à ces deux vertus. Ils apprennent de même à supporter la faim et la soif, en voyant leurs aînes ne sortir pour aller manger qu'après en avoir obtenu la permission de celui qui préside; et ils s'accoutument d'autant plus aisément à la sobriété qu'ils font leur repas, non chez leurs parents, mais chez leur maître, et seulement aux heures marquées par le gouverneur. Chacun d'eux apporte du pain et du cresson, ils n'ont point d'autre nourriture, et un vase de terre, pour puiser de l'eau dans la rivière, s'ils ont soif. A ces pratiques, on joint l'exercice de l'arc et du javelot. C'est ainsi que sont élevés les enfants depuis leur naissance jusqu'à la seizième ou dix-septième annee. Quand ils ont atteint cet âge, ils entrent dans la classe des adolescents : et voici quelle est alors leur manière de vivre.

Durant les dix années qu'ils restent dans cette classe, ils passent les nuits, comme je l'ai déjà dit, auprès des tribunaux bâtis sur la place. C'est une garde pour la ville et de plus un moyen de s'assurer de leur sagesse, car cet âge, plus qu'aucun autre, a besoin d'être veillé. Pendant le jour, ils sont aux ordres des magistrats, pour les choses qui peuvent intéresser la republique ; et si les circonstances l'exigent, ils demeurent tous dans leur quartier. Mais lorsque le roi sort pour la chasse ce qui arrive fréquemment chaque mois, il se fait accompagner par la moitié de ces jeunes gens : chacun d'eux doit porter un arc, un carquois garni de flèches, une épée dans son fourreau, ou une hache, un bouclier et deux javelots, l'un pour lancer, l'autre pour s'en servir à la main, dans l'occasion. Si les Perses font de la chasse un exercice public où le roi marche à la tête de sa troupe, comme pour une expédition militaire, où il agit lui même et veut que les autres agissent ; c'est qu'ils la regardent comme un véritable apprentissage du métier de la guerre. En effet, la chasse accoutume à se lever matin, à supporter le froid et le chaud, à soutenir la fatigue des courses et des voyages. D'ailleurs, on y emploie contre les animaux les memes armes que dans une bataille, l'arc et le javelot. Souvent même elle sert à aiguiser le courage : car si une bête vigoureuse vient audacieusement au-devant du chasseur, il faut qu'il sache à la fois et la frapper lorsqu'elle approche et s'en garantir lorsqu'elle attaque. En un mot, il n'est rien de ce qui appartient à la guerre qu'on ne retrouve dans l'exercice de la chasse.

Les jeunes gens, en partant à la suite du roi, emportent leur dîner, qui est le même que celui des enfants, et seulement plus ample, à raison de la différence de l'âge. Ils n'interrompent point la chasse pour manger : s'il arrive que l'animal les force à la prolonger ou qu'ils la prolongent pour leur plaisir, ils font leur souper de ce qu'ils avaient apporté pour leur dîner et chassent le lendemain jusqu'au souper. Ces deux jours sont réputes n'en faire qu'un seul, parce qu'ils n'ont fait qu'un seul repas. On les accoutume à ce genre de vie, afin qu'il ne leur paraisse pas nouveau lorsque la guerre leur en fera une nécessité. Quand la chasse a éte heureuse, ils ont pour leur souper tout ce qu'ils ont pris; autrement, ils sont réduits au cresson. Si quelqu'un pense qu'ils doivent trouver peu de plaisir a ne manger que du pain avec du cresson et à ne boire que de l'eau, qu'il se rappelle avec quel goût on mange du pain le plus grossier quand on a faim, avec quelle volupté on boit de l'eau quand on a soif.

L'autre partie des jeunes gens reste dans la ville : ils s'occupent aux exercices qu'ils ont appris durant les premieres annees, c'est-à-dire a tirer de l'arc, à lancer le javelot; et tous s'y livrent sans relâche, avec une égale émulation. Ces exercices se font quelquefois en public : alors il y a des prix proposes pour les vainqueurs. Si, entre les divisions dont la classe est composée, on en remarque une qui se distingue par un plus grand nombre de sujets courageux, adroits, actifs, les citoyens s'empressent de combler d'eloges et de marques de considération, non-seulement le gouverneur actuel, mais celui qui les a élevés dans l'enfance. Du reste, ces jeunes gens sont employés par les magistrats, soit à faire la garde dans les endroits qui en ont besoin, soit à exécuter certaines commissions qui demandent de la vigueur et de la célérité; comme d'aller à la recherche des malfaiteurs et à la poursuite des brigands. Ils vivent ainsi pendant dix ans, apres lesquels ils entrent dans la classe des hommes faits et y passent vingt-cinq ans de la manière que je vais le raconter.

D'abord, ils sont obliges, comme les adolescents, de se tenir toujours prêts a exécuter les ordres des magistrats, lorsque le service de la république a besoin de gens dont l'âge ait mûri l'esprit, et n'ait pas encore affaibli le corps S'il s'agit d'aller à la guerre, ceux qui ont passé par les degrés d'éducation dont j'ai parlé, ne portent ni arc, ni javelots : ils n'ont que des armes propres a combattre de pres; une cuirasse sur la poitrine, une épée ou une hache à la main droite, au bras gauche un bouclier, semblable a celui avec lequel on peint aujourd'hui les Perses. C'est de cet ordre que sont tirés tous ceux à qui l'on confie les charges publiques, excepté celle de présider à l'éducation des enfants. Au bout de vingt-cinq ans, lorsqu'ils en ont cinquante accomplis, ils passent dans la classe de ceux qu'on nomme anciens, et qui le sont réellement. Ceux-là ont le privilege de ne point porter les armes hors de leur patrie : ils demeurent, soit pour veiller aux interêts communs, soit pour décider les affaires des particuliers. Leur autorité s'étend jusqu'à juger à mort; ils nomment à tous les emplois. Lorsqu'un adolescent ou un homme fait est dénoncé par le chef de sa tribu, ou par tout autre, comme ayant violé quelqu'une des lois, ils entendent l'accusation; si le délit est constaté, ils chassent de sa classe celui qui l'a commis; et cette flétrissure le rend infâme pour le reste de sa vie.

Afin de donner une idée plus précise du gouvernement des Perses, je reprendrai les choses d'un peu plus haut : ce que j'en ai déjà dit me dispense d'entrer dans un long détail. On compte dans la Perse environ cent vingt mille hommes. Tous naissent avec un droit égal aux charges et aux honneurs ; tous peuvent envoyer leurs enfants aux écoles publiques, où l'on enseigne la sagesse. Les citoyens en état de nourrir les leurs, sans les faire travailler, les y envoient; les autres les gardent chez eux. Il faut avoir été élevé dans ces écoles, pour pouvoir être admis dans la classe des adolescents; quiconque n'a pas reçu la premiere éducation en est exclu. Les adolescents, qui ont fourni leur carriere complète, et en ont rempli exactement les obligations, peuvent prendre place parmi les hommes faits, pour partager avec eux l'avantage d'être promus aux dignités. Mais ceux qui n'ont point passé par les deux premieres classes, ne peuvent entrer dans la troisieme, qui conduit, quand on y a vécu sans reproche, à celle des anciens. Celle-ci se trouve ainsi composee de personnages, qui ont parcouru successivement tous les degrés de la vertu.

Telle est la forme de gouvernement par laquelle les Perses croient parvenir à se rendre meilleurs. Ils conservent encore aujourd'hui des usages, qui attestent leur ancienne sobriété et le soin qu'ils ont toujours pris d'y joindre les exercices du corps. Il y a, par exemple, certaines choses qu'il serait malhonnete chez eux de se permettre devant des témoins, comme de cracher, de se moucher, et de laisser échapper quelque signe de mauvaise digestion. Il ne serait pas moins indécent d'être obligé de s'écarter pour satisfaire des besoins pressants. Or, sans une extrême sobriété, sans la pratique des exercices qui consument les humeurs ou en détournent le cours, il ne leur serait pas possible d'observer ces bienséances. Voilà ce que j'avais à dire des Perses en general; ce sera une espèce d'introduction à l'histoire de Cyrus, dont je vais rapporter les actions en remontant à son enfance

Cyrus fut élevé jusqu'à l'âge de douze ans et un peu plus, suivant les coutumes des Perses. Aucun des enfants de sa classe ne lui pouvait être comparé, soit pour la facilité à saisir ce qu'on leur enseignait, soit pour l'adresse et l'activité dans l'exécution de ce qui leur etait prescrit. Lorsqu'il eut atteint l'âge que je viens de dire, Astyage invita Mandane à se rendre apres de lui, avec son fils qu'il désirait de voir, sur ce qu'il avait oui-dire de sa beauté et de ses excellentes qualites. La reine partit pour la cour de Médie, accompagné de Cyrus. Des le premier abord et à peine instruit qu'Astyage était père de Mandane, ce jeune prince, naturellement caressant, l'embrassa d'un air aussi familier que s'il eût embrassé un ancien camarade, ou un ancien ami. Mais ayant remarqué qu'Astyage avait les yeux fardés, le visage peint et une chevelure artificielle, (c'est la mode en Médie, ainsi que de porter des robes et des manteaux de pourpre, des colliers et des bracelets, au lieu que les Perses, encore aujourd'hui, quand ils ne sortent point de chez eux, sont aussi simples dans leurs habits, que sobres dans leurs repas); ayant, dis-je, remarqué la parure de son grand-père et le regardant avec attention : Oh! ma mère, dit-il, que mon grand-père est beau! Lequel, reprit la reine, trouvez-vous le plus beau de Cambyse ou d'Astyage? Mon père, répondit-il, est le plus beau des Perses, et mon grand-pére le plus beau des Mèdes que j'ai vus sur la route et à la cour. Astyage l'embrassant à son tour, fit apporter une robe magnifique dont il le revêtit, des colliers et des bracelets dont il le para. Depuis ce moment, le roi ne sortait plus, sans se faire accompagner par son petit-fils, monté comme lui sur un cheval dont le mors était d'or. La belle robe fit grand plaisir à Cyrus : il la reçut en enfant qui aime la parure, et qui est déjà touché des distinctions. Sa joie fut encore plus vive, lorsqu'on lui apprit a monter à cheval; il est rare de voir des chevaux en Perse, à cause de la difficulté qu'il y aurait à les élever et à s'en servir dans un pays herissé de montagnes.

Lorsqu'Astyage soupait avec sa fille et son petit-fils qu'il voulait disposer par la bonne chere a ne pas regretter la Perse, il faisait servir, dans differents plats, des mêts et des ragoûts de toute espèce. A la vue de cette profusion, Cyrus dit un jour au roi : Si vous êtes obligé de porter la main à chacun de ces plats, et de goûter de tous ces mets, le souper doit être pour vous bien fatigant. Eh quoi, dit Astyage, ce souper ne vous semble-t-il pas plus agreable que ceux qu'on fait en Perse? Non, repliqua Cyrus, en Perse, nous parvenons à apaiser la faim, par une voie beaucoup plus simple et plus courte : il ne nous faut pour cela que du pain et de la viande sans apprêt; au lieu que vous, qui tendez au même but, vous vous égarez en chemin, dans des detours sans nombre, et vous n'y arrivez qu'avec peine, même longtemps après nous. Mais, reprit Astyage, nous avons du plaisir à nous égarer; et vous connaîtrez ce plaisir, quand vous aurez goûté de nos mêts. Cependant, répliqua Cyrus, je vois qu'ils vous causent à vous-même une sorte de dégoût. A quoi, dit Astyage, le voyez-vous? C'est que j'ai remarqué, repondit l'enfant, que quand vous avez touche à ces ragoûts, vous essuyez promptement vos mains avec une serviette, comme si vous étiez fâché de les voir pleines de sauce; ce que vous ne faites pas, quand vous n'avez pris que du pain. Je ne prétends pas, mon fils, dit Astyage, vous gêner dans votre façon de vivre : usez, puisque vous l'aimez mieux, d'aliments sans apprêt, afin que les Perses vous revoient sain et vigoureux.

En même temps il fit servir devant le jeune prince un grand nombre de plats, tant de venaison, que d'autres viandes. Alors Cyrus lui dit : Toutes ces viandes, me les donnez-vous, et puis-je en faire ce que je voudrai? Oui, mon fils, répondit Astyage : elles sont à vous. Sur cette réponse, Cyrus les distribua aux principaux officiers de son grand-père, en ajoutant un petit mot pour chacun. Je vous fais ce présent, disait-il à l'un, parce que vous me montrez avec affection à monter à cheval; à un autre, parce que vous m'avez donné un javelot, et je l'ai encore; à un troisième, parce que vous servez fidèlement mon grand-père; à un quatrième, parce que vous révérez ma mère; et ainsi de suite, jusqu'à ce qu'il n'eût plus rien à donner. Pourquoi, lui dit Astyage, ne donnez vous rien à mon échanson Sacas, que je considère beaucoup? Sacas était un très bel homme, chargé d'introduire chez le roi, les personnes qui avaient à lui parler, et de renvoyer ceux qu'il ne croyait pas à propos de laisser entrer. Au lieu de répondre à la question d'Astyage, Cyrus, comme un enfant qui ne craint pas encore d'être indiscret, repartit par une autre : Pourquoi, lui dit-il, avez-vous tant de considération pour Sacas? Ne voyez-vous pas, répliqua le roi, en plaisantant, avec quelle adresse, avec quelle grâce il sert à boire? les échansons des rois

Mèdes ont ce talent au suprême degré. Ils versent le vin avec une extrême propreté : ils tiennent la coupe, de trois doigts seulement, et la présentent à celui qui doit boire, de manière qu'il puisse la prendre sans peine. Eh bien, dit le jeune prince, commandez, je vous prie, à Sacas de me donner la coupe; en vous servant d'aussi bonne grâce que lui, je mériterai aussi de vous plaire. Astyage y consentit : Cyrus s'empare de la conpe, la rince proprement, comme il l'avait vu faire à Sacas; puis composant son visage, prenant un air sérieux et un maintien grave, il la présente au roi, qui en rit beaucoup, ainsi que Mandane. Cyrus faisant lui-même un grand éclat de rire, se jette au cou de son grand-père, et dit en l'embrassant : Ah! pauvre Sacas, tu es perdu; je t'enleverai ta charge, et j'en ferai mieux que toi les fonctions : de plus, je ne boirai pas le vin. Lorsque les échansons des rois leur présentent la coupe, ils en tirent d'abord, avec une cuiller, un peu de la liqueur qu'elle contient: ils la versent dans leur main gauche et l'avalent; par ce moyen, s'ils avaient mêlé du poison ils en seraient les premieres victimes.

Astyage continuant de plaisanter : Pourquoi, mon fils, dit-il à Cyrus, dès que vous vouliez imiter Sacas, n'avez-vous pas, comme lui, goûté le vin? J'ai craint, répondit le jeune prince, qu'on n'eût jeté quelque poison dans le vase : car au festin que vous donnâtes à vos amis, le jour de votre naissance, je vis clairement que Sacas vous avait tous empoisonnés. Comment vîtes-vous cela, dit le roi? C'est, repartit Cyrus, que je m'aperçus d'un dérangement considérable dans vos esprits et dans vos corps. Je vous voyais faire des choses que vous ne pardonneriez pas à des enfants; crier tous à la fois, sans vous entendre; puis chanter tous ensemble, de la façon la plus ridicule; et lorsqu'un de vous chantait seul, vous juriez, sans l'avoir écouté, qu'il chantait admirablement bien. Chacun de vous vantait sa force; mais lorsqu'il fallut se lever pour danser, loin de pouvoir faire un pas en cadence, vous ne pouviez pas même vous tenir fermes sur vos pieds. Enfin, vous aviez oublié, vous, que vous etiez roi, eux, qu'ils étaient vos sujets : ce fut pour moi le premier exemple d'une assemblée, où chacun ayant la liberté de parler, tous en useraient à la fois; car c'est précisément ce que je vous voyais faire. Mais votre père, dit Astyage, ne s'enivre-t-il jamais? Non, jamais, répondit Cyrus. Que lui arrive-t-il donc quand il a bu, poursuivit le roi? Il cesse d'avoir soif, répliqua l'enfant: et c'est tout ce qu'opère en lui la boisson: aussi, n'a-t-il point, je pense, de Sacas pour échanson. Mon fils, lui dit Mandane, vous en voulez bien à Sacas : pourquoi l'attaquez-vous ainsi? Parce que je le hais, répondit-il. Souvent, lorsque j'accours avec le plus grand empressement pour voir le roi, il a la méchanceté de m'empêcher d'entrer. Puis adressant la parole à Astyage : Laissez-moi, je vous prie, pour trois jours seulement, le maître absolu de Sacas. Quel usage, reprit le roi, feriez-vous de l'autorité que vous auriez sur lui? Je me posterais comme lui, répondit Cyrus, à l'entrée de votre appartement, et je lui dirais, quand il se présenterait pour le dîner : « Il n'est pas encore « temps de se mettre à table; le roi est en « affaire avec quelqu'un. » Quand il arriverait pour le souper : « Le roi est au bain »; s'il me paraissait pressé de la faim : « Le roi est dans l'appartement des femmes. »

Enfin, je lui rendrais l'impatience qu'il me cause, en m'empêchant de vous voir. Cyrus égayait ainsi les soupers du roi. Dans le cours de la journée, si son grand-père ou son oncle desiraient quelque chose, personne n'était aussitôt prêt que lui a les servir, tant il avait à cœur de leur plaire.

Lorsqu'Astyage vit Mandane se préparer à retourner en Perse, il la pria de lui laisser Cyrus. Je ne souhaite rien tant, répondit-elle, que de faire tout ce qui peut vous etre agreable; mais je vous avoue que j'aurais de la peine a vous laisser mon fils, s'il témoignait la moindre repugnance. Sur quoi Astyage se tournant vers Cyrus : Mon fils, lui dit-il, si vous demeurez ici, vous serez le maître d'entrer chez moi toutes les fois que vous le jugerez à propos, sans que Sacas ait le droit de s'y opposer : plus vous viendrez, plus je vous en saurai de gre Vous vous servirez de tous mes chevaux; je vous en donnerai d'autres encore, autant que vous en voudrez; et quand vous quitterez la Médie, vous emmenerez ceux qui vous plairont le plus. Vous aurez la liberté de vous faire servir a souper, suivant votre goût pour les mets simples. Je vous abandonne toutes les bêtes fauves qui sont actuellement dans mon parc; j'y en rassemblerai de toute espece, en plus grand nombre; et des que vous aurez appris a monter a cheval, vous pourrez les chasser et les abattre à coups de fleche ou de javelot, à l'exemple des hommes faits. Je vous procurerai aussi des camarades pour jouer avec vous : enfin, quelque chose que vous demandiez, vous n'eprouverez jamais de refus.

Astyage ayant cessé de parler, Mandane demanda à son fils, lequel il aimait le mieux, de rester en Médie ou de retourner en Perse.

Cyrus répondit sur-le-champ, sans balancer, qu'il aimait mieux rester. Eh! pourquoi, reprit Mandane? Je vais vous le dire, répondit-il : en Perse, je passe pour le plus adroit de ceux de mon âge à tirer de l'arc et à lancer le javelot; ici tous l'emportent sur moi dans l'art de monter à cheval; ce qui me cause, je vous l'avoue, un véritable chagrin. Or, si vous me laissez en Médie, et que j'y apprenne à bien manier un cheval, il arrivera, du moins je l'espère, qu'à mon retour en Perse, je serai supérieur aux plus habiles dans les exercices à pied, et que revenant en Médie, où je serai devenu le meilleur homme de cheval du royaume de mon grand-père, je me trouverai en état de le servir utilement à la guerre. Mais, mon fils, reprit Mandane, comment étudierez-vous ici les principes de la justice; vos maîtres sont en Perse? Je n'ai plus besoin de leurs leçons, répliqua Cyrus. Sur quoi vous en flattez-vous, ajouta Mandane? Sur le témoignage de mon maître, repartit le jeune prince; il me trouvait déjà tellement instruit de ce qu'il faut savoir pour rendre la justice, qu'il m'avait établi juge de mes camarades, cependant, je ne dissimulerai pas qu'il me punit un jour très sévèrement, pour avoir mal jugé. Voici dans quelle occasion : un enfant déjà grand, dont la robe était trop courte pour sa taille, ayant remarqué qu'un autre enfant plus petit que lui, avait une longue robe, il la lui ôta, s'en revêtit, et lui mit la sienne sur le corps. La contestation qui s'éleva en conséquence, ayant été soumise à ma décision, je jugeai qu'il convenait également à l'un et à l'autre, que chacun gardât la robe qui allait le mieux à sa taille. Ce jugement m'attira une correction. Vous auriez bien décidé, me dit mon maître, si vous aviez eu à prononcer sur la convenance : Mais dans le cas présent où il etait question de décider à qui la robe appartenait, il fallait examiner lequel des deux enfants avait un titre légitime de propriété, afin de savoir lequel devait rester paisible possesseur de la robe, ou celui qui l'avait enlevée de force, ou celui qui l'avait, soit achetée, soit travaillée de ses mains. Il n'y a rien de juste, continuait-il, que ce qui est conforme aux lois ; tout acte qui y déroge, est un acte de violence. De ce principe, il concluait qu'un juge n'a d'autre règle que la loi ; et qu'il ne lui est jamais permis de s'en écarter. Ce seul principe, ma mère, me fournit toutes les règles de la justice; et si j'ai encore besoin de quelques autres leçons, mon grand-pere me les donnera. Mais, mon fils, repartit Mandane, ce que votre grand-pére trouve juste, n'est pas toujours regardé comme tel chez les Perses : par exemple, il s'est arrogé un pouvoir despotique sur ses sujets; et l'on pense en Perse que la justice exige que l'autorité soit partagée. Votre père lui-même est obligé de se conformer à la loi générale, qui a tout ordonné, tout réglé, jusqu'aux dons que le prince doit recevoir. En un mot, la loi, non sa volonté, est la mesure de sa puissance. Gardez-vous donc, mon fils, lorsque vous reviendrez en Perse, d'y apporter de la cour d'Astyage, au lieu de maximes vraiment royales, ces maximes tyranniques, suivant lesquelles un homme doit posséder plus de biens que tous les autres ensemble : vous courriez risque de vous attirer des traitements qui pourraient vous coûter la vie. Rassurez-vous, ma mère, répondit Cyrus : Astyage m'apprendrait plutôt à me contenter de peu, qu'à désirer beaucoup. N'avez-vous-pas remarqué qu'il a su accoutumer les

Mèdes, à se voir beaucoup moins riches que lui? Encore une fois, ne craignez pas que ni moi, ni personne puissions sortir de l'école d'Astyage avec l'ambition d'être plus riches que les autres. Tels étaient les propos de Cyrus.

Enfin Mandane partit et le laissa en Médie, où il fut elevé sous les yeux de son grand-père. Il eut bientôt fait connaissance et formé des liaisons d'amitié avec les jeunes Medes; bientôt l'affection qu'il leur témoignait et l'attention qu'il eut de visiter quelquefois leur famille, lui attacha les peres; de sorte que s'ils avaient quelque grâce à demander au roi, ils chargeaient leurs fils d'engager Cyrus à la solliciter. De son côté, Cyrus, naturellement généreux et sensible à la gloire d'obliger, n'avait rien plus à cœur que d'obtenir ce qu'ils désiraient: et quelque chose qu'il demandât, son grand-pere ne pouvait se résoudre a le refuser. Astyage se souvenait des soins que son petit-fils lui avait rendus dans le cours d'une maladie, durant laquelle, cet enfant toujours assidu auprès de lui n'avait cessé de pleurer et de montrer combien il craignait pour la vie de son grand-pere. Lorsque pendant la nuit le roi paraissait avoir besoin de quelque chose, Cyrus était le premier à s'en apercevoir; et par sa diligence à le servir dans tout ce qu'il croyait lui pouvoir être agreable, il prévenait les plus empressés. Cette conduite avait achevé de lui gagner le cœur d'Astyage.

Il faut convenir que Cyrus aimait peut-être trop à parler. Ce défaut venait de son éducation, et plusieurs causes l'avaient fortifié; d'une part l'obligation que lui imposait le gouverneur de la classe, de lui rendre un compte exact de tout ce qu'il faisait, et d'entendre en détail les raisons de ses camarades, lorsqu'il avait à juger leurs différends; d'autre part, son extrême curiosité pour toute espèce de connaissances, qui lui avait fait contracter l'habitude de questionner beaucoup. Lui faisait-on aussi des questions ? La vivacité de son esprit lui fournissait toujours des réponses très promptes. La réunion de ces différentes causes avait produit le défaut qu'on pouvait lui reprocher. Mais comme dans les adolescents qui ont pris de bonne heure leur croissance, on remarque un certain air de jeunesse, auquel on reconnaît qu'il ne faut pas estimer leur âge par leur taille ; de même on sentait dans les discours de Cyrus, qu'une simplicité naïve jointe au désir de plaire, non une confiance présomptueuse, le rendait grand parleur : aussi aimait-on mieux l'entendre parler beaucoup, que de lui voir garder le silence. Lorsqu'en croissant il eut atteint l'âge qui conduit à la puberté, il parla moins et d'un ton plus modéré. Une pudeur modeste le faisait rougir, quand il se trouvait avec des personnes d'un âge plus avancé : il ne cherchait plus comme les jeunes chiens, à jouer indistinctement avec tous ceux qu'il rencontrait. Devenu plus posé, il devint aussi plus aimable dans la société.

A l'égard des exercices auxquels les jeunes gens se provoquent communément les uns les autres, on ne le vit jamais défier ses camarades dans ceux où il excellait : il ne proposait le défi que pour les choses où il connaissait leur supériorité, et ajoutait en plaisantant qu'il espérait bien l'emporter sur eux. Ainsi, quoiqu'il ne fût pas encore ferme à cheval, il était le premier à proposer d'y monter pour lancer le javelot ou pour tirer de l'arc, et le premier à rire de sa défaite, quand il était vaincu. Comme, loin de se rebuter des jeux dans lesquels il avait du désavantage, il s'opiniâtrait au contraire avec plus d'ardeur à s'y exercer, pour acquérir ce qui lui manquait, il ne tarda pas à mener aussi bien un cheval, qu'aucun des jeunes gens de son âge; et son application le mit bientôt en état de les surpasser tous. En peu de temps il eut détruit toutes les bêtes du parc, soit en les forçant, soit en les tuant à coups de flèche ou de javelot, au point qu'Astyage ne savait plus où lui en trouver. Cyrus voyant la peine qu'avait son grand-père, malgré sa bonne volonté, à lui procurer des bêtes fauves : Pourquoi, lui disait-il souvent, vous tourmentez-vous du soin d'en faire chercher? Si vous me permettiez d'aller à la chasse avec mon oncle, toutes celles que je rencontrerais dans vos forêts, me paraîtraient y avoir été élevées pour moi. Il désirait passionnément de chasser hors du parc; mais il n'osait presser le roi, comme il faisait dans son enfance : déjà même il n'allait plus chez lui qu'avec réserve. Autrefois il se plaignait de ce que Sacas l'empêchait d'entrer : devenu depuis pour lui-même un autre Sacas, il ne se présentait point qu'il ne sût si le moment était favorable; et pour en être instruit, il s'adressait au véritable Sacas, dont il parvint à gagner l'affection, comme il s'était concilié celle des autres courtisans.

Astyage cédant enfin au désir de son petit-fils, lui permit d'aller à la chasse avec Cyaxare : il le fit accompagner de gardes à cheval, d'un âge mûr, qu'il chargea de lui faire éviter les lieux difficiles, et de le garantir de l'attaque des animaux féroces, s'il s'en présentait. Le jeune prince se hâta de demander à ceux qui l'accompagnaient, quelles etaient les bêtes dont l'approche est si dangereuse, quelles étaient celles qu'on peut poursuivre sans crainte. Il en a coûté la vie a plus d'un chasseur, répondirent-ils, pour avoir vu de trop pres les ours, les lions, les sangliers et les leopards; il n'en est pas de même des biches, des chevreuils, des ânes et des brebis sauvages; ces animaux ne font aucun mal. Les lieux escarpés, continuerent-ils, ne sont pas moins a craindre que les bêtes feroces : plusieurs en sont tombés et ont péri avec leurs chevaux.

Tandis que Cyrus les ecoutait avec attention, il aperçut un cerf qui fuyait en bondissant : aussitôt oubliant ce qu'on venait de lui dire, il se met a la poursuite, et ne songe plus qu'a la route que prend l'animal. Mais son cheval s'abat en sautant; peu s'en faut que Cyrus ne soit renversé : cependant il se retient quoiqu'avec peine ; le cheval se relève; le jeune Prince gagne la plaine au galop, atteint le cerf, et le perce de son dard. Transporté de joie d'avoir terrassé un animal si vigoureux et si beau, il s'applaudissait de son exploit, lorsque ses gardes l'ayant joint, lui reprocherent avec aigreur ce qu'il venait de faire; lui firent sentir le danger auquel il s'était exposé, et ajouterent qu'ils en rendraient compte au roi. Pendant que Cyrus, qui avait mis pied à terre, écoutait tristement la réprimande, voilà que tout-à-coup il entend un cri perçant : saisi d'une nouvelle ardeur, il saute sur son cheval. Un sanglier venait droit à lui : il le voit; court au-devant; lui lance son dard, avec tant de justesse, qu'il le frappe entre les deux yeux et l'étend mort. Cyaxare blâma fort la témerité de l'action; mais Cyrus, pour toute reponse à la remontrance, conjura son oncle de lui permettre de porter sa chasse au roi et de la lui présenter. Donnez-vous de garde, dit Cyaxare, d'apprendre jamais à mon pere que vous ayez couru ces bêtes; il ne le pardonnerait ni à vous, ni à moi, qui vous ai laissé faire. Je consens, repartit Cyrus, à être puni comme il le jugera à propos, pourvu que j'aie la satisfaction de lui offrir mon présent; et vous-même, mon oncle, punissez-moi, si vous le voulez; mais ne me refusez pas la grâce que je vous demande. Faites donc ce qu'il vous plaira, dit enfin Cyaxare; aussi bien on dirait que vous êtes deja notre roi. A ces mots Cyrus fit enlever le cerf et le sanglier, et alla sur-le champ les présenter à son grand-pere. C'est pour vous, lui dit il, que j'avais eté à la chasse : ce que j en rapporte est à vous. Il ne lui montra pas les dards dont il avait percé les deux animaux; il se contenta de les placer encore tout sanglants, dans un lieu où il jugea que le roi pouvait les voir. Je reçois votre present avec plaisir, lui dit Astyage; mais je n'avais pas un tel besoin de cerf et de sanglier, que vous dussiez vous exposer au danger, comme vous l'avez fait. Seigneur, reprit Cyrus, si effectivement vous n'en avez pas besoin, abandonnez-les moi, je vous prie, afin que je les partage entre mes camarades. Vous êtes le maître, mon fils, répondit Astyage, de donner non-seulement votre chasse, mais encore tout ce que voudrez et à qui vous voudrez. Cyrus prit les deux animaux et les distribuant à ses camarades. Mes amis, leur dit-il, nos chasses dans le parc ont été jusqu'ici de véritables jeux d'enfants : c'était à peu de chose près, chasser des bêtes à qui on aurait lié les jambes : celles que nous y trouvions, renfermées dans un espace étroit, faisaient pitié à voir; la plupart maigres et pelées, d'autres boiteuses ou estropiées.

Voyez comme les animaux qui vivent dans les montagnes et dans les champs, sont beaux et vigoureux, comme leur poil est lisse. J'ai vu des cerfs s'elancer vers les nues avec la légerete des oiseaux; j'ai vu des sangliers aller aux coups, comme ferait l'homme le plus courageux : ils sont d'ailleurs si gros qu'il n'est pas possible de les manquer. En un mot, ces deux bêtes, toutes mortes qu'elles sont, me paraissent infiniment plus belles que les bêtes vivantes du parc de mon grand-pere. Mais vous autres, ajouta Cyrus, est-ce que vos parents ne vous permettraient pas de venir à la chasse avec moi? Ils y consentiraient, repondirent les jeunes Medes, si le roi l'ordonnait. Eh bien, dit Cyrus, qui d'entre vous se chargera de lui en parler? Qui peut mieux que vous, repliquerent-ils, obtenir du roi cette grâce? J'en conviens, reprit Cyrus; mais je ne conçois pas le changement qui s'est fait en moi. Dans mon enfance, je parlais plus qu'on ne voulait : je n'ose plus aujourd'hui ni parler au roi, ni même le regarder en face, comme un homme en regarde un autre : pour peu que cet embarras augmente, je crains de devenir tout a fait stupide et imbécile. Vous nous dites la une chose bien fâcheuse, repartirent les jeunes Mèdes : il serait triste pour nous de ne pouvoir plus rien obtenir par votre crédit, et d'être obligés de recourir a d'autres, lorsque vous pourriez nous servir. Ce propos piqua Cyrus : il les quitta sans répliquer; et apres s'etre dit à lui-même tout ce qui pouvait lui donner de la hardiesse, il reflechit sur la maniere dont il pourrait, sans fâcher Astyage, le faire consentir à la demande de ses camarades et à la sienne. Puis entra et lui tint ce discours : Seigneur, si un de vos esclaves s'était enfui qu'on l'eût ensuite repris et qu'on vous le ramenât; comment le traiteriez-vous? Je le condamnerais, dit le roi, à travailler chargé de chaînes. Et s'il revenait de lui-même, reprit Cyrus? J'ordonnerais qu'on le fouettât, repondit-il, afin qu'il se souvînt de ne pas retomber dans la même faute; après quoi, je me servirais de lui comme auparavant. Préparez-vous donc à me faire fouetter, ajouta Cyrus; car j'ai le projet de m'enfuir avec mes camarades, pour aller à la chasse. Vous avez bien fait de m'en prévenir, dit le roi : je vous défends de sortir du palais. Il serait beau que j'eusse enlevé à ma fille son enfant, pour en faire mon pourvoyeur. Cyrus se soumit a cet ordre : il resta dans le palais, mais triste, morne, et sans proférer une parole. Quand Astyage le vit plongé dans cet excès d'abattement, il résolut, pour l'en tirer, de le mener lui-même chasser; et pour lui donner le plaisir d'une grande chasse, il fit assembler, outre les jeunes Médes, un grand nombre de gens, les uns à cheval, les autres à pied, qui eurent ordre de battre la campagne, afin de pousser les bêtes fauves vers la plaine, et qu'on pût les courir à cheval. Le roi y parut, suivit d'un cortége magnifique. En arrivant, il défendit à tous les chasseurs de frapper aucun animal, avant que Cyrus fût las d'en tuer; mais le jeune Prince le pria de lever cette défense : Seigneur, lui dit-il, si vous voulez que j'aie du plaisir, permettez à mes camarades d'user de toute leur adresse contre les animaux qui se présenteront. Astyage le permit, et resta pour jouir du spectacle qui se préparait. Il voyait les chasseurs tantôt attaquer les bêtes, à l'envi les uns des autres, tantôt les poursuivre et les atteindre de leurs dards; il voyait surtout avec complaisance que Cyrus, dans l'excès de sa joie, ne pouvait se taire, et que semblable à un chien courageux, il redoublait ses cris, quand il approchait l'animal, et encourageait les chasseurs, appelant chacun par son nom. Mais rien ne faisait plus de plaisir au roi, que d'entendre son petit-fils plaisanter les uns sur leur maladresse, et féliciter les autres sur leurs succès, sans en être jaloux. Apres la chasse, qui fut tres heureuse, Astyage s'en alla : mais il s'y était tellement amusé, qu'il y retourna depuis toutes les fois qu'il en eut le loisir, toujours accompagné de son petit-fils, des jeunes Médes, par egard pour lui, et d'un grand nombre d'autres chasseurs. Cyrus passait ainsi la plus grande partie de son temps à contribuer aux plaisirs de la cour d'Astyage, et à obliger tout le monde, sans jamais nuire a personne. Il avait alors quinze ou seize ans.

Vers ce même temps, le fils du roi d'Assyrie, qui était sur le point de se marier, voulut aussi faire une chasse. Ce prince ayant su qu'il y avait une grande quantité de bêtes fauves dans la partie des Etats de son pere; qui avoisinait la Médie, où l'on n'avait point chassé pendant la guerre precédente(1), choisit ce canton. Pour la sûreté de sa marche, il eut la precaution de se faire accompagner d'une troupe de cavaliers et de gens de pied qui étaient d'ailleurs destinés à battre les bois, afin de forcer le gibier a sortir dans la plaine. Arrivé aupres des forteresses dont les garnisons défendent la frontière, il se fit préparer à souper, comme devant chasser le lendemain. Sur le soir, une garde de cavalerie et d'infanterie vint, de la ville voisine, pour relever celle du château. La jonction de ces deux gardes, réunies à l'escorte du prince,

(1) Xénophon n'indique point quelle est cette guerre

formait un corps de troupes qui lui parut une armée considérable. Aussitôt il change de projet, et prend la résolution d'aller piller la Médie : il pensait que cette expédition lui ferait plus d'honneur qu'une chasse, et lui serait aussi plus profitable. Dès la pointe du jour il met son armée en mouvement : il laisse son infanterie en bataille sur la frontière, et s'avance, à la tête de sa cavalerie, vers les forteresses des Mèdes. Pendant que plusieurs petits détachements vont battre la campagne de différents côtés, avec ordre d'enlever et de lui amener tout ce qui s'offrirait à eux, il retient auprès de lui l'élite de ses gens, et demeure ferme en présence des garnisons Mèdes, pour les empêcher de faire des sorties sur ses coureurs. Tel était le plan de son entreprise.

Astyage ayant appris que l'ennemi était entré sur ses terres, marcha au secours de sa frontière, avec ce qu'il avait de troupes auprès de lui. Son fils rassembla à la hâte un petit nombre de cavaliers qui se trouvèrent sous sa main, et le suivit, après avoir mandé aux autres qu'ils eussent à le joindre en diligence. A la vue des troupes Assyriennes, dont une partie, comme je l'ai dit, se présentait en ordre de bataille, tandis que l'autre se tenait à l'écart, les Mèdes s'arrêtèrent. Cependant Cyrus, témoin de l'ardeur générale à courir au-devant de l'ennemi, ne put contenir la sienne. Astyage lui avait donné une très belle armure faite exprès pour lui, et qui allait parfaitement à sa taille : le jeune prince, dans l'extrême impatience où il était d'en faire usage, désespérait de voir jamais arriver ce moment. Enfin il s'en revêtit pour la première fois, monta promptement à cheval et se rendit à l'armée. Le roi surpris de le voir, et ne sachant qui avait pu l'engager à venir, lui permit de demeurer auprès de lui. Alors Cyrus apercevant le corps de cavalerie qui faisait face aux Medes : Seigneur, dit-il, ces hommes que je vois là-bas, immobiles sur leurs chevaux, sont-ce des ennemis? Oui, répondit Astyage. Et ceux qui courent dans la plaine? continua Cyrus. Encore des ennemis, dit Astyage. Par Jupiter, reprit Cyrus, souffrirons-nous que des gens qui paraissent si lâches et si mal montes osent ainsi nous piller? Détachons quelques-uns des nôtres, pour leur donner la chasse. Eh, ne voyez-vous pas, répliqua le roi, ce gros escadron rangé en bataille? Si nous faisons un mouvement pour charger les pillards, cette cavalerie tombera sur nous et nous coupera : nous ne sommes point encore assez forts pour rien entreprendre. Mais, repartit Cyrus, vous pourriez rester dans votre poste, avec les troupes fraîches qui vont arriver ; vous imposeriez aux ennemis ; et tandis que vous les tiendriez en respect, nos détachements feraient une course sur les pillards, qui certainement lacheront prise, dès qu'ils s'apercevront qu'on les poursuit.

Ce discours produisit son effet. Astyage admirant la présence d'esprit et la prudence du jeune Prince, ordonna sur-le-champ à Cyaxare de marcher contre les coureurs, avec un escadron. Si les Assyriens, ajouta-t-il, font un mouvement pour aller a vous, j'en ferai un autre, qui les obligera de porter sur moi toute leur attention. Cyaxare prit l'elite de la cavalerie et se mit en marche sans differer. Cyrus qui n'attendait que ce signal, partit en même temps· bientôt il fut a la tête de la troupe : Cyaxare et ses cavaliers le suivaient avec ardeur. A leur approche, les pillards abandonnerent leur butin et prirent la fuite; mais ils furent coupés par les soldats de Cyrus, qui, à son exemple, firent main basse sur tous ceux qu'ils purent atteindre : ceux qui s'étaient échappés en fuyant d'un autre côté furent poursuivis sans relâche, et l'on fit sur eux plusieurs prisonniers. Pour Cyrus, tel qu'un chien courageux, qui ne connaissant point encore le danger, attaque inconsidérément un sanglier, il ne songeait qu'à joindre l'ennemi et à le frapper, sans voir à quoi il s'exposait.

Jusque-là les Assyriens étaient restés dans l'inaction : quand ils virent que leurs gens étaient mal menés, ils commencèrent à s'ébranler, espérant que ceux qui étaient à la poursuite des fuyards, s'arrêteraient dans la crainte qu'on ne les chargeât. Bien loin que l'impétuosité de Cyrus en fût ralentie, il les pressa si vivement qu'il acheva de les mettre en déroute. Transporté de joie, il criait à Cyaxare : Voyez, mon oncle, voyez comme ils fuient. Cyaxare le suivait de près : sans doute il aurait craint de paraître aux yeux d'Astyage, moins brave que son neveu. Tous sans exception s'empressèrent de le seconder. Ceux mêmes qui peut-être eussent montré le moins de courage, contre les ennemis qui les auraient attendus de pied ferme, étaient les plus acharnés à courir sur ceux qui fuyaient.

Astyage remarquant, que tandis que ses cavaliers s'abandonnaient témérairement dans la plaine, les Assyriens rangés en bataille allaient à leur rencontre, fut alarmé, pour Cyaxare et pour Cyrus, du danger auquel ils seraient exposés, s'ils tombaient en désordre sur des troupes bien préparées à les recevoir : il prit le parti de marcher droit à l'ennemi. Dès que les Assyriens s'aperçurent du mouvement d'Astyage, ils firent halte, le javelot à la main et l'arc bandé ; ne doutant pas que les Mèdes ne s'arrêtassent, suivant leur coutume, a la portée du trait. Jusqu'alors les combats des deux nations n'avaient été que de simples escarmouches: leurs armées étaient en présence: elles s'approchaient, et on se bornait à se provoquer de part et d'autre, à coups de fleches, quelquefois pendant un jour entier. Mais les Assyriens voyant d'un côté leurs coureurs se replier sur le corps de l'armée, devant Cyrus qui leur donnait la chasse; de l'autre, Astyage déja posté avec sa cavalerie à la portee de l'arc, perdirent courage et prirent la fuite. Ils furent poursuivis par toutes les troupes d'Astyage qui les atteignirent, firent un grand nombre de prisonniers et tuerent tout ce qui tomba sous leurs mains, n'epargnant ni hommes ni chevaux. Les Medes poussèrent ainsi les ennemis jusqu'au poste de l'infanterie Assyrienne, et n'allerent pas plus loin, craignant quelque embuscade. Astyage satisfait de l'avantage que sa cavalerie venait de remporter, donna le signal de la retraite; et s'en retourna, assez embarrassé de ce qu'il dirait à Cyrus: car s'il ne pouvait douter que le succès de la journée ne lui fût dû, il avait à lui reprocher son emportement dans l'action et sa témérité.

Pendant que l'armee se retirait, le jeune Prince resté seul sur le champ de bataille, le parcourait pour contempler les morts. Les gardes chargés de veiller sur lui, ne l'en ar rachèrent qu'avec peine, pour le mener au roi. Cyrus en approchant de son grand-père, tâchait de se cacher derrière eux; parce qu'il avait remarqué sur son visage un air de mécontentement qui l'intimidait. Voila ce qui se passa chez les Mèdes. On ne parlait plus que de Cyrus: son nom retentissait dans toutes les bouches; il était l'objet de toutes les chansons et le sujet de tous les entretiens.

Astyage, qui jusqu'à ce moment n'avait eu pour lui que des sentiments de tendresse et d'estime; ne put se défendre de l'admirer.

Quelle dut être la joie de Cambyse, en apprenant les exploits de son fils? Au récit de tant d'actions de vigueur, il jugea que ce jeune Prince avait déjà les qualités d'un homme fait, et il le rappela auprès de lui pour achever son cours d'éducation, suivant la méthode du pays. On prétend que Cyrus, pour ne point déplaire à son père et ne pas donner lieu aux reproches de la république des Perses, déclara lui-même qu'il était déterminé à partir. Astyage sentant qu'il ne pouvait se dispenser de consentir au départ de Cyrus, lui donna tous les chevaux qu'il voulût emmener, et le renvoya comblé de présents. A la tendre amitié qu'il avait pour son petit-fils, se joignait l'idée qu'un jour le jeune Prince serait l'appui de ses amis et la terreur de ses ennemis.

Le départ de Cyrus fut un spectacle attendrissant. Les enfants, les jeunes gens, les hommes faits, les vieillards, Astyage lui-même, tous à cheval, l'accompagnèrent assez loin; et on assure que tous revinrent en pleurant. Ce ne fut pas aussi sans verser beaucoup de larmes, que Cyrus se sépara d'eux. On ajoute qu'avant de partir, il distribua aux jeunes Mèdes une grande partie des présents d'Astyage, et entre autres, qu'il s'était dépouillé de sa robe Médique, pour la donner à un de ses camarades, comme un gage de son affection particulière. Ceux qui avaient eu part à la distribution, portèrent au roi ce qu'ils avaient reçu : Astyage ordonna que tout fût remis à Cyrus; mais tout fut renvoyé en Médie par le Prince. « Si vous voulez, mandait-il à son grand-père, que je rétourne avec plaisir dans vos Etats et que j'y puisse rentrer avec honneur, permettez que chacun garde le don que je lui ai fait. » Astyage se rendit au vœu de son petit-fils.

Je ne dois pas omettre une autre circonstance du départ de Cyrus. Tous ses parents s'étant trouves rassembles, dans le moment où il etait pres de les quitter, et ou ils allaient être separes de lui, le baiserent a la bouche, selon un usage des Perses qui s'observe encore aujourd'hui, et prirent ainsi congé du Prince. Un Mede distingue par son merite, qui cachait depuis longtemps l'impression qu'avait faite sur lui la beaute de Cyrus, venait de voir le ceremonial des adieux : il attendit que les parents qui avaient donné le baiser du depart se fussent retires; puis s'avançant avec grâce et une contenance assuree, Seigneur, lui dit-il, serai-je le seul de vos parents que vous meconnaissiez? Etes-vous aussi mon parent? dit Cyrus Oui, répondit le Mede. Voila donc, reprit le Prince, pourquoi vous me regardiez si attentivement : je crois vous avoir souvent surpris ayant les yeux fixes sur moi. Il est vrai, reprit le Mede : j'ai toujours desire de vous aborder; et jamais, les Dieux m'en sont temoins, je ne l'ai ose. Vous avez eu tort, dit le Prince, puisque vous êtes mon parent. Aussitôt il s'avança vers lui et l'embrassa. Alors le Mede satisfait demanda au jeune Prince si c'etait une coutume generale en Perse de saluer ainsi ses parents. Cela se pratique entre parents, repondit Cyrus, ou quand on se revoit apres une longue absence, ou quand on se quitte pour quelque temps. S'il en est ainsi, reprit le Mede, vous devez m'embrasser une seconde fois, car vous voyez que je vous quitte. Cyrus l'embrassa et ils se séparerent. Ils n'avaient pas fait beaucoup de chemin, chacun de leur côté, lorsque le Mède revint sur ses pas, à bride abattue. Auriez-vous, lui cria Cyrus en le voyant, oublié de me dire quelque chose? Point du tout, répondit le Mède : je reviens après une absence. Mais, mon cher parent, répartit le Prince, l'absence a été bien courte. Courte? reprit le Mede. Vous ne savez donc pas qu'un clin-d'œil, sans voir un Prince si aimable, me paraît d'une longue durée. A ce propos, Cyrus, dont les larmes coulaient encore, ne put s'empêcher de rire. Prenez courage, dit-il au Mède; retournez chez vous; je reviendrai bientôt : vous me verrez alors tout à votre aise et autant qu'il vous plaira, quand vous ne clignerez pas les yeux.

Cyrus, de retour en Perse, rentra dans la classe des enfants et y passa encore une année. Ses anciens camarades le plaisantèrent d'abord sur la vie molle et efféminée, dont ils ne doutaient pas qu'il n'eût contracté l'habitude, à l'école des Mèdes; mais quand ils virent qu'il s'accommodait de leur table, de leur nourriture, de leur boisson, et que, si à certains jours de fête on servait quelque mets plus délicat, loin de trouver sa portion trop modique, il en donnait aux autres une partie; enfin, lorsqu'ils eurent reconnu qu'à tous égards il leur était infiniment supérieur, ils ne le regardèrent plus qu'avec admiration. Cette année étant révolue, il fut admis dans la classe des adolescents, et s'y distingua de même par son application aux divers exercices, par son activité, son courage, son respect pour les anciens et sa soumission aux magistrats.

Cependant, Astyage mourut : Cyaxare, son fils, frère de la mère de Cyrus, lui succéda au trône de Médie. Dans cette conjoncture, le roi d'Assyrie, qui, après avoir subjugué la nombreuse nation des Syriens, assujetti le roi d'Arabie et soumis les Hyrcaniens, avait investi les frontieres de la Bactriane, se persuada qu'il étendrait facilement sa domination sur tous les peuples voisins de ses Etats, s'il venait à bout d'affaiblir les Medes, qu'il regardait comme les plus redoutables. Pour assurer l'exécution de son projet, il dépêcha des ambassadeurs vers les princes et les peuples ses tributaires, Crésus, roi de Lydie, le roi de Cappadoce, les habitants des deux Phrygies, les Cariens, les Paphlagoniens, les Indiens, les Ciliciens. Ces envoyés etaient chargés de porter, par leurs discours, l'inquiétude dans les esprits : ils devaient representer que les Medes et les Perses, nations également nombreuses et puissantes, etant unies par les liens les plus forts, entre autres par des mariages réciproques, il y avait lieu de craindre qu'elles ne parvinssent, si on ne les prévenait pas, a écraser les autres, en les attaquant successivement. Quelques-uns se laisserent entraîner par ces considérations; les autres furent seduits par les présents du roi d'Assyrie, prince assez riche pour ne pas épargner l'or : tous enfin se liguèrent avec lui. Aussitôt que Cyaxare fut informé des desseins et des preparatifs du monarque assyrien, il ne négligea rien, de son côté, pour se mettre en état de défense. Il se hâta de donner avis du danger qui le menaçait aux Perses et à leur roi Cambyse, son beau-frere. Les envoyés avaient un ordre expres de voir Cyrus et de le prier, si les Perses donnaient des troupes aux Mèdes, d'en solliciter le commandement.

Cyrus, apres avoir demeuré dix ans dans la classe des adolescents, était entré dans celle des hommes faits. Il fut nommé par les magistrats, général des troupes qui devaient aller en Médie, emploi qu'il accepta avec joie. On lui permit de prendre à son choix et d'emmener deux cents Homotimes (1), dont chacun eut aussi la liberté de choisir quatre autres citoyens du même rang; ce qui forma le nombre de mille. Il fut permis de plus à chacun des mille Homotimes, de choisir pareillement dans le peuple, dix soldats légèrement armés, dix frondeurs et dix archers : ce qui faisait en tout un corps de dix mille hommes, armés à la légère, dix mille frondeurs et dix mille archers, non compris les mille Homotimes.

Telle était l'armée que Cyrus devait commander. Dès qu'il eut été nommé, son premier soin fut de se rendre les Dieux favorables par un sacrifice. Ensuite il choisit ses deux cents Homotimes; et ceux-ci choisirent à leur tour, quatre de leurs pareils. Puis les ayant assemblés tous, il leur tint ce discours:

« Mes amis, ce n'est pas d'aujourd'hui que je connais ce que vous valez. Je vous ai choisis, parce que je vous ai toujours vus, depuis votre enfance, aussi constants à observer ce qui est regardé chez nous comme honnête, que fidèles à vous abstenir de ce qui ne l'est pas. Vous allez apprendre par quels motifs j'ai accepté l'emploi qui m'est confié, et pourquoi je vous assemble ici. Je sais que nos ancêtres ne nous étaient inférieurs en rien, et qu'aucune espèce de vertu ne leur était étrangère : mais je ne vois ni ce

(1) *Homotimes*, c'est-à-dire *Egaux en dignité* : on donnait ce nom à tous les Perses qui avaient été élevés dans les écoles publiques. C'était dans le corps des *Homotimes* qu'on choisissait les magistrats et les officiers supérieurs.

qu'ils y ont gagné pour eux-mêmes, ni quel bien en a résulté pour la république. Il me semble néanmoins qu'on ne pratique la vertu que dans la vue de jouir d'un meilleur sort que ceux qui la négligent. Celui qui se prive d'un plaisir présent ne prétend point par-là renoncer absolument au plaisir : il se prépare, au contraire, par cette privation même, des jouissances plus vives pour un autre temps. Celui qui étudie les règles de l'éloquence et qui a l'ambition de briller dans cette carrière, n'a pas pour but de haranguer sans relâche : il espère qu'en acquérant le don de la persuasion, il sera un jour utile à la société. Il en est de même de ceux qui se dévouent au métier de la guerre. Ce n'est pas pour avoir toujours les armes à la main, qu'ils s'appliquent si laborieusement aux exercices militaires : ils se flattent, non-seulement que les distinctions et les richesses seront un jour la récompense de leurs talents, mais de plus que le bonheur et la gloire de la patrie en seront le fruit. Si parmi ces hommes, il s'en trouvait quelqu'un, qui après une longue vie passée dans le travail eût atteint la vieillesse, sans avoir su tirer aucun profit de ses peines, je le comparerais à un laboureur, qui après avoir semé et planté avec le plus grand soin, négligerait, quand la saison est venue, de ramasser ses grains, de cueillir ses fruits, et les laisserait tomber à terre; ou bien à un athlète, qui après s'être formé à tous les exercices, et mis en état de mériter le prix, finirait par ne pas entrer dans la lice. Il me semble qu'on pourrait, à juste titre, les taxer de folie.

Ne souffrons pas, chers compagnons, que pareille chose nous arrive ; souvenons-nous que nous avons contracté dès notre enfance l'habitude du courage et de la vertu; et marchons avec confiance au-devant d'un ennemi, que je sais, pour l'avoir vu de près, n'être pas capable de tenir contre nous. Il ne suffit pas pour être bon soldat, de savoir tirer de l'arc, lancer le javelot, manier un cheval avec adresse : il faut savoir aussi supporter la fatigue et les veilles. Mais les Assyriens sont naturellement mous, aiment a dormir et ne peuvent ni soutenir les travaux, ni résister au sommeil. Ce n'est pas encore assez : il y a certains principes, dont il importe d'être instruit pour se conduire, soit avec les alliés, soit avec les ennemis; et je suis assuré qu'on ne leur a pas enseigne les premiers éléments de cette science. Vous, au contraire, vous êtes accoutumés a user de la nuit comme du jour : pour vous le travail est la route qui mène au plaisir; la faim vous tient lieu d'assaisonnement: l'eau est pour vous une boisson encore plus agréable que pour les lions. Enfin, vous portez en vous-mêmes la qualité la plus noble et la plus nécessaire aux guerriers, l'enthousiasme de la louange : car il n'est rien à quoi vous soyez aussi sensibles; précieuse sensibilité, d'où naît le courage, qui ne redoute ni la fatigue ni les dangers. Au reste, ce serait me trahir moi-même que de vous rendre un pareil témoignage contre ma pensée : si jamais vous veniez à le démentir, le blâme de l'événement retomberait sur moi. Non, mes espérances ne seront point trompées : j'en ai pour garants ma propre expérience, votre attachement a ma personne, et la lâcheté de nos ennemis. Marchons d'autant plus hardiment que ce n'est point le désir d'envahir le bien d'autrui, qui nous met les armes à la main. Une nation ennemie vient de donner la première, par d'injustes hostilités, le signal de la guerre; et une nation amie nous appelle à son secours. Est-il rien de plus juste que de repousser la violence, et rien de plus beau que de servir ses amis? Vous avez encore un puissant motif de confiance, dans le soin que j'ai pris de nous rendre les Dieux favorables. Vous savez, vous avec qui j'ai vécu si longtemps, que ma pratique a toujours été, même dans les entreprises les moins importantes, de commencer par implorer leur protection. Mais à quoi bon vous en dirais-je davantage? Allez choisir les hommes que la république vous accorde : faites, sans différer, vos préparatifs et marchez vers la Médie. Je vous suivrai de près : il faut qu'auparavant je voie mon père, afin d'apprendre de lui ce qu'il sait de l'état des ennemis. Je ferai de mon côté les meilleures dispositions qu'il me sera possible, pour assurer, avec l'aide du ciel, le succès de notre entreprise. » Tous s'empressèrent d'exécuter les ordres qu'ils venaient de recevoir.

Cyrus étant retourné auprès de son père, implora l'assistance des Dieux, et particulièrement celle de Jupiter et de Vesta(1), divinités tutélaires de la Perse; puis il partit : Cam-

(1) On a souvent reproché aux écrivains grecs de prêter leurs Dieux, leur religion, leurs mœurs, aux autres nations. J'avoue que Xénophon n'est pas toujours à l'abri de ce reproche; mais il ne le mérite pas ici. Quand il parle du *Jupiter* des Perses, de leur *Vesta*, il les désigne presque toujours par des épithètes qui les distinguent des divinités que les Grecs adoraient sous les mêmes noms. On reconnaît sans peine qu'il entend par *Jupiter* le Dieu suprême des Perses, et par *Vesta* le feu, auquel ils rendaient un culte, ainsi qu'au soleil, à la lune et à chacun des éléments. Comme les savants sont partagés sur les principes religieux des Perses, et qu'il n'est pas possible, dans une simple note, de rapporter et de discuter les diffé-

byse voulut le conduire jusqu'à la frontière. A peine ils étaient sortis du palais qu'on vit briller les éclairs et qu'on entendit gronder le tonnerre : ces signes leur annonçaient manifestement la protection du grand Jupiter. Ils continuèrent leur route sans attendre d'autres augures. Mon fils, dit Cambyse à Cyrus en marchant, il est évident par les sacrifices et par les signes qui vous sont envoyés du ciel que les dieux vous sont propices. Vous êtes en état d'en juger ; car je me suis appliqué à vous donner cette intelligence, afin que vous pussiez connaître par vous-même leurs volontés, et que pour voir et pour entendre vous n'eussiez besoin ni des yeux ni des oreilles d'un interprète qui serait le maître de vous tromper par une fausse explication des prodiges. J'ai voulu que dans le cas où vous n'auriez point de devins près de vous, vous ne fussiez pas embarrassé à pénétrer la signification des signes célestes, et que, possédant l'art de la divination, vous sussiez exécuter ce que les dieux vous prescriraient.

Mon père, répondit Cyrus, je ne négligerai rien pour mériter que les dieux nous soient toujours favorables et ne nous envoient que des avertissements salutaires. Je me souviens de vous avoir ouï dire un jour qu'un moyen efficace de s'assurer leur protection, c'était de ne pas attendre le moment de la détresse pour recourir à eux, mais de leur rendre le même honneur dans les temps de prospérité. Vous ajoutiez que sur ce point il faut se comporter avec les dieux de la même

rentes opinions, ce qui d'ailleurs paraîtrait étranger à mon ouvrage, je me contenterai de renvoyer aux savants mémoires de M l'abbé Foucher et de M. Anquetil du Perron, imprimés dans le Rec. de l'Acad. des Belles-Lettres, t. XXV et suivants.

manière que l'on se comporte avec les hommes, et c'est en effet ce qu'on observe à l'égard de ses amis. Voilà donc, mon fils, reprit Cambyse, le motif de votre confiance en implorant le secours des dieux : vous espérez de l'obtenir, parce que vous n'avez point à vous reprocher d'avoir jamais oublié ce que vous leur devez. Oui, mon père, répliqua Cyrus : j'ai la plus intime persuasion que je suis aimé des dieux. Vous souvenez-vous, mon fils, que nous convînmes encore qu'en quelque situation qu'il leur plaise de nous placer, l'homme instruit agira toujours mieux que l'ignorant, que l'homme actif fera plus que l'indolent, que l'homme sage vivra plus heureux que l'imprudent, et qu'on ne doit demander aux dieux que les grâces dont on est susceptible?

Cette conversation, repondit Cyrus, m'est tres présente : je sentais la vérité de tout ce que vous me disiez, et j'étais intérieurement forcé d'en convenir. Je me souviens, entre autres, de vous avoir entendu souvent répéter qu'il y a des choses qu'il n'est pas même permis de demander aux dieux ; par exemple, de sortir victorieux d'un combat à cheval, lorsqu'on n'a point appris à manier un cheval; de l'emporter sur d'habiles archers, lorsqu'on ne sait pas tirer de l'arc; de gouverner sagement un vaisseau, lorsqu'on ignore les premiers principes du pilotage; d'avoir une abondante moisson, lorsqu'on n'a point semé; enfin, d'échapper aux périls de la guerre, lorsqu'on n'a pris aucune précaution pour s'en garantir. Toutes ces demandes, disiez-vous, sont contre l'ordre établi par les dieux, et il est aussi juste qu'on n'obtienne pas d'eux des grâces qui blesseraient cet ordre, qu'il l'est parmi nous que ceux qui demandent quelque chose de contraire à la loi essuient un refus.

Auriez-vous oublié, reprit le roi, un de nos autres entretiens? Nous disions que si un citoyen, pour cela seul qu'il se conduit en homme vertueux, et que par son industrie il vit dans l'aisance avec sa famille, mérite des éloges, on doit certainement de l'admiration à celui qui, se trouvant de plus chargé de commander aux autres, sait pourvoir abondamment à leurs besoins et les maintenir dans l'exacte observation de leurs devoirs. Non, mon père, je n'ai point oublié ce que vous me dites a ce sujet. Je pensais comme vous qu'il n'y a rien de plus difficile que de bien commander; et je me confirme dans cette pensée toutes les fois que j'envisage les obligations d'un général Mais quand je jette les yeux sur les autres nations et que je considère quels chefs elles ont à leur tête, surtout quels ennemis nous avons à combattre, je conçois qu'il serait honteux pour nous de les redouter et de ne pas aller avec assurance à leur rencontre. Tous, à commencer par nos alliés, sont persuadés que ce qui doit constituer la différence du prince à ses sujets, c'est que le prince fait meilleure chère, a plus d'argent dans son trésor, dort plus longtemps et travaille moins. Selon moi, au contraire, la différence consiste en ce que le prince, au lieu de se livrer à l'oisiveté, est obligé de porter plus loin que les sujets l'activité, la prévoyance et l'amour du travail.

Mais, mon fils, repartit Cambyse, les difficultés qu'on éprouve dans le commandement ne viennent pas toujours de la part des hommes : elles naissent quelquefois de la nature des choses mêmes, et il n'est pas facile de les surmonter. Vous sentez, par exemple, que votre commandement expirerait bientôt, si votre armée manquait de munitions. Je ne cours point ce risque, répondit le prince : Cyaxare a promis d'en fournir pour toutes les troupes que nous lui mènerions. Et vous vous mettez en marche, reprit le roi, sur la foi des promesses de Cyaxare? Assurément, dit Cyrus. Savez-vous, continua Cambyse, s'il est en état de les remplir? Non, répliqua Cyrus. Ainsi, ajouta Cambyse, vous comptez sur une ressource que vous ne connaissez point. Ignorez-vous donc que vous serez assiégé par une foule de besoins, sans compter les dépenses considérables que vous êtes obligé de faire dès à présent? Je ne l'ignore pas, répliqua Cyrus. Mais, continua Cambyse, si les fonds manquent à Cyaxare, ou s'il vous manque de parole, où en seront vos troupes : sans doute elles se trouveront mal à leur aise? De grâce, mon père, repartit Cyrus, si vous savez quelque moyen d'assurer la subsistance d'une armée et qu'il soit en mon pouvoir de l'employer, enseignez-le moi, tandis que nous sommes encore sur les terres de votre obéissance. Ce moyen, répondit Cambyse, dont vous desirez être instruit, vous l'avez entre les mains ; c'est la supériorité des forces qui le donne. Vous partez avec un corps d'infanterie que vous ne changeriez pas contre un autre beaucoup plus nombreux, et vous serez joint par la cavalerie Mède, dont on connaît la réputation. Avec de telles forces, croyez-vous qu'il y ait autour de nous aucune nation qui ne s'empresse de vous fournir des secours, ou pour mériter de devenir votre amie, ou par la crainte d'attirer vos armes sur son pays? Prenez si bien vos mesures, de concert avec Cyaxare, que jamais votre armée ne manque des choses nécessaires : accoutumez-vous à vous ménager des fonds certains, sur lesquels vous puissiez compter, et souvenez-vous principalement de ne jamais attendre, pour remplir vos magasins, que la nécessité vous presse. C'est pendant l'abondance qu'il faut se précautionner contre la disette. Vous obtiendrez plus aisément ce que vous demanderez quand vous paraîtrez n'être pas dans le besoin. Cette attention, mon fils, vous fera respecter des étrangers et préviendra les murmures des troupes. Vos soldats, quand rien ne leur manquera, marcheront de bon cœur où vous voudrez les mener, soit comme auxiliaires, soit comme agresseurs, et vos discours auront d'autant plus de poids qu'on vous verra plus en état de faire du bien ou du mal.

Ce raisonnement, mon père, est très juste j'y ajoute une réflexion. Mes soldats, qui sont instruits du traitement que leur fait Cyaxare, en les appelant à son secours, recevront, sans m'en savoir aucun gré, ce qui leur a été promis; au lieu que si je me mets en état de leur donner en mon nom quelque chose de plus, ils m'en auront une obligation personnelle; et leur reconnaissance me répondra de leur attachement : j'oserai alors tout entreprendre. Un général, qui avec des forces suffisantes, tant pour aider ses amis et mériter qu'ils le servent à leur tour, que pour faire des conquêtes sur ses ennemis, ne se munirait pas des choses nécessaires, serait, à mon avis, aussi blâmable qu'un homme qui ayant des terres et des esclaves pour les labourer, laisserait ses champs en friche, et n'en tirerait aucun produit. D'après ces réflexions, mon père, soyez persuadé que jamais en aucun pays, ami ou ennemi, je n'omettrai rien de ce qui peut assurer l'approvisionnement de mon armée.

Vous rappelez-vous, mon fils, reprit Cambyse, quelques autres points auxquels je vous disais qu'il n'est pas moins important de vous rendre attentif? C'était, si je m'en souviens bien, repondit Cyrus, lorsqu'un jour j'allai vous demander de l'argent, pour payer le maître qui pretendait m'avoir donné des leçons sur les devoirs d'un général d'armée. En me comptant cet argent, vous me fîtes plusieurs questions. Mon fils, me dîtes-vous, le maître a qui vous portez le prix de ses leçons, vous en a-t-il donné quelqu'une concernant l'administration economique d'un general ; car les soldats sont au general, ce qu'est une famille au chef qui la gouverne : les uns et les autres ont les mêmes besoins, et il faut egalement y pouvoir? Je vous avouai de bonne foi que mon maître ne m'avait donné sur cela aucune instruction. Ensuite vous me demandâtes s'il m'avait parle des moyens d'entretenir la sante et la vigueur des soldats ; objets, disiez-vous, dont un général ne doit pas moins s'occuper, que des details du commandement. Je vous répondis que non. Vous ajoutâtes : Vous a-t-il enseigne quelque methode pour former les soldats aux exercices militaires et les y perfectionner? Non, repondis-je encore, Vous a-t-il appris, continuâtes-vous, l'art d'inspirer de l'ardeur aux soldats ; car en toutes choses, l'ardeur ou la nonchalance rendent le succes bien different? Je continuai a vous repondre, Non, Mais, continuâtes-vous aussi, ne vous a-t-il pas du moins appris ce qu'il faut faire pour rendre les soldats dociles au commandement? Comme vous vous aperçûtes qu'il ne m'avait pas plus instruit sur cet article que sur les autres ; enfin, me dîtes-vous, que vous a-t-il donc appris, ce maître qui se donne pour enseigner à commander une armée? Je vous repondis qu'il m'avait appris à la ranger en bataille. Vous ne pûtes alors vous empêcher de rire : puis, reprenant chacune des questions que vous m'aviez faites; à quoi sert, me dîtes-vous, de savoir ranger une armée en bataille, quand elle manque de subsistances, et qu'elle est en proie aux maladies; quand les troupes ignorent les pratiques usitées à la guerre, et qu'elles sont mal disciplinées? Lorsque vous m'eûtes fait sentir que l'ordre de bataille n'est qu'une très petite partie de la science d'un général, je vous demandai si vous pouviez m'enseigner les autres : sur quoi vous me conseillâtes de m'adresser aux militaires, qui passaient pour être les plus versés dans leur art, de m'entretenir avec eux, et d'en tirer, par la conversation, des éclaircissements sur chacun des objets dont vous m'aviez parlé. Depuis ce moment, je n'ai cessé de fréquenter ceux que j'entendais citer comme les plus expérimentés.

Quant aux vivres, je crois que ceux que Cyaxare s'est engagé de nous fournir seront suffisants. Pour ce qui concerne la santé, comme j'ai ouï dire et vu par moi-même que les généraux, à l'exemple des villes qui ont des médecins dans leur enceinte, pour les cas de maladie, en mènent toujours quelques-uns à la suite de l'armée, pour traiter les soldats, je me suis occupé, dès le moment de ma nomination, du soin d'en choisir; et je crois pouvoir m'applaudir de mon choix : j'aurai certainement avec moi les plus habiles gens. Mon fils, repliqua Cambyse, les médecins ressemblent aux ouvriers dont le métier est de raccommoder les habits déchirés; ils ne servent qu'à réparer la santé de ceux qui sont malades : mais il est un art bien supérieur à tout leur savoir, l'art de prévenir les maladies. Que dois-je faire, dit Cyrus, pour y réussir? Lorsque vous devrez faire un long séjour dans un pays, vous commencerez par choisir un lieu sain pour asseoir votre camp; avec la plus légère attention, il vous sera facile de n'y être pas trompé. Vous n'aurez qu'a écouter le peuple : il répete sans cesse que l'air est salubre dans tel endroit, malsain dans tel autre. Vous reconnaîtrez ce qui en est, en examinant la constitution du corps des habitants et la couleur de leur teint. Mais ce n'est pas assez de bien connaître la nature du climat : voyez comment vous entretenez votre santé, et prenez le même soin de celle de vos soldats. Ma premiere attention, dit Cyrus, est de ne point trop charger mon estomac, de crainte de le fatiguer; la seconde, d'aider ma digestion par l'exercice. Je crois ce régime excellent pour conserver ma santé et pour me fortifier. Vous devez, ajouta Cambyse, faire observer les mêmes choses à vos soldats. Mais croyez-vous, mon père, repartit Cyrus, qu'il leur reste du temps pour les exercices? Il faut bien, reprit Cambyse, qu'ils en trouvent; puisque c'est une obligation indispensable. Une armée bien tenue doit toujours être occupee, soit à faire quelque tort a l'ennemi, soit à se procurer quelque avantage. Car s'il est malaisé de faire vivre dans l'oisiveté un homme seul, et plus encore toute une famille; rien ne doit être plus difficile que de faire subsister, dans l'inaction, une armée composée d'un nombre infini de bouches, et qui entre ordinairement en campagne avec très peu de vivres, qu'elle voit même bientôt épuisés, faute d'économie.

Ainsi donc, mon père, reprit Cyrus, selon vous, un général qui manque d'activité, ne vaut pas mieux qu'un laboureur paresseux. J'espère qu'on ne me reprochera pas ce défaut : j'ose vous promettre que je saurai remplir, à moins que quelque Dieu ne s'y oppose, ces deux grandes fonctions d'un général, approvisionner l'armée et y maintenir la santé. A l'égard des manœuvres militaires, je pense que pour y former les soldats et les trouver tout exercés, dans l'occasion, il serait à propos d'établir des jeux où l'on proposerait des prix pour les vainqueurs. Cela est bien pensé, mon fils, dit Cambyse : si vous suivez ce projet, vos gens seront aussi lestes et auront autant de précision dans leurs mouvements, qu'un chœur de danseurs. Des espérances flatteuses, continua Cyrus, seraient, ce me semble, un bon moyen d'exciter l'ardeur des troupes. Oui, mon fils ; pourvu que vous ne tombiez pas dans l'inconvenient du chasseur, qui pour animer ses chiens, les rappellerait toujours du ton dont il a coutume de leur parler quand il a vu la bête. Les chiens d'abord obéissent à la voix et s'empressent d'accourir : mais s'il est souvent arrivé qu'on leur ait parlé à faux, ils finissent par ne pas obéir, lors même qu'on les appelle pour les mettre réellement sur la voie. Il en est de même des espérances : un homme qui aurait souvent trompé par de fausses promesses, ne mériterait pas qu'on se fiât à celles même qu'il ferait de bonne foi. Un général, mon fils, ne doit rien avancer dont il ne soit parfaitement sûr : assez d'autres sans lui tiendront des propos hasardés. C'est dans le moment du danger, parce qu'alors il lui importe d'être cru, qu'il doit placer ses harangues et ses encouragements.

Je ne puis, mon père, répondit Cyrus, qu'approuver tout ce que vous dites. Pour ce qui concerne la discipline, je me flatte de ne point ignorer l'art de rendre les soldats dociles au commandement : vous m'en avez donné des leçons dès mon enfance, en m'accoutumant a vous obeir. Vous me mîtes ensuite entre les mains de differents maîtres, qui me fortifierent dans cette habitude ; et lorsque je passai dans la classe des adolescents, notre gouverneur avait grand soin de nous y entretenir. Je sais d'ailleurs que la plupart des lois paraissent n'avoir ete faites que pour enseigner a commander et a obeir. Apres bien des reflexions sur cette matiere, j'ai pensé qu'il n'y avait point de secret plus efficace pour assurer la subordination, que de louer et de recompenser l'obeissance, de punir, au contraire, et de noter d'infamie ceux qui y manquent. Avec ce secret, dit Cambyse, on n'obtient qu'une obeissance forcee : si vous voulez, mon fils, que celle de vos soldats soit volontaire, ce qui vaut infiniment mieux, vous y parviendrez par une voie plus courte. Les hommes se soummettent avec plaisir à celui qu'ils ont lieu de croire plus éclaire sur leurs intérêts, qu'ils ne le sont eux-mêmes. Entre autres exemples, voyez avec quel empressement les malades appellent le medecin, pour avoir son avis sur ce qu'ils doivent faire; et comme dans un vaisseau tout le monde obeit au pilote. Voyez l'attention d'un voyageur; à ne pas s'écarter dans sa route, de ceux qu'il croit savoir les chemins mieux que lui. Mais quand les hommes sont persuadés que l'obéissance leur peut être nuisible, les supplices, les récompenses, les dons ne sauraient les y contraindre. Quel homme voudrait recevoir un bienfait qui tournerait à son dommage ?

C'est donc à dire, mon père, que selon vous, le meilleur moyen d'assurer la soumission de ceux à qui on commande, serait de passer dans leur esprit pour être plus sage qu'eux. C'est précisement ce que je veux dire, répondit Cambyse. Mais, ajouta Cyrus, comment peut-on, dans un court espace de temps, donner de soi cette opinion? Elle s'établira tout naturellement, reprit Cambyse, si votre conduite, dans les diverses circonstances, prouve que vous avez l'intelligence qu'elles exigent. Quelques comparaisons vous obligeront d'en convenir. Je supose qu'il vous prenne envie de vous faire passer pour laboureur expérimente, ou pour bon homme de cheval, pour savant medecin ou pour excellent joueur de flûte, enfin pour habile artiste dans un genre quelconque, quoique vous n'ayez aucun des talents que vous affichez. A combien d'artifices faudra-t-il que vous ayez recours, pour vous faire la réputation que vous ambitionnez? En vain vous aposteriez des gens pour vous vanter et en imposer à la multitude; en vain vous auriez les plus beaux instruments de chacun de ces arts; vous ne tromperiez personne: la premiere épreuve mettrait votre imposture à decouvert; et vous n'y auriez acquis que le renom d'un homme sottement vain. Comment me direz-vous, s'acquiert ce fonds de connaissances, dont on peut avoir dans la suite occasion de faire usage? C'est en étudiant tout ce qui est à la portee de l'esprit humain, de la même maniere que vous avez étudié la tactique; et en consultant les Dieux, par l'organe des devins, sur les choses qu'il n'est pas donné à l'homme de savoir, ou qui sont au-dessus de sa prévoyance. Du reste, mon fils, prenez toujours le parti que vous jugerez le meilleur, suivant les conjonctures; la prudence vous prescrit cette conduite. Si vous me demandez, continua Cambyse, comment on se fait aimer des gens qu'on a sous ses ordres, article en effet de grande conséquence; eh bien, mon fils, rappelez-vous comment on se fait aimer de ses amis, et pratiquez la même méthode: il ne s'agit que de les servir dans toutes les occasions. Je sais qu'on ne peut pas faire à cet egard tout ce qu'on voudrait: alors on y supplee par des temoignages de l'intérêt qu'on prend à ce qui les touche: on se réjouit avec eux du bien qui leur arrive; on s'afflige du malheur qu'ils éprouvent; on est empresse à les secourir dans leur infortune; on leur montre une tendre inquietude sur les perils dont ils sont menaces, et on s'occupe du soin de les en garantir: c'est la le service le plus essentiel que vous leur puissiez rendre.

Dans le cours des expeditions, mon fils, un géneral a de plus un autre moyen de s'attacher ses soldats et de s'en faire aimer. Qu'ils le voient supporter, avec plus de courage qu'eux tous, l'ardeur du soleil pendant l'ete et la rigueur du froid pendant l'hiver; qu'ils le voient partager avec eux le travail et la fatigue; leur attachement, leur amour lui sont assurés. Ainsi, mon pere, dit Cyrus, vous prétendez qu'un des devoirs du genéral est de supporter plus courageusement que ses soldats les differentes especes de fatigue. Oui, sans doute, repartit Cambyse: cependant ne vous alarmez pas. Sachez, mon, fils, que les mêmes travaux n'affectent pas egalement des corps qu'on peut supposer d'egale force, celui du général et celui du soldat: ils sont bien adoucis pour le general, par l'honneur qui lui en revient, par l'idee que tous les yeux sont fixés sur lui, et par la certitude que rien de ce qu'il va faire, n'échappera.

Mais, mon père, reprit Cyrus, quand l'armée est abondamment fournie de munitions, que les soldats sont sains, vigoureux et capables de soutenir les fatigues, qu'ils sont exercés à toutes les manœuvres militaires, qu'on les voit pleins d'ardeur, impatients de se signaler, enfin, qu'ils sont venus au point d'aimer mieux obéir que résister au commandement ; ne pensez-vous pas qu'il fût à propos de profiter de ces dispositions, pour en venir promptement aux mains avec l'ennemi ? Assurément, dit Cambyse, si on a lieu d'espérer de le faire avec avantage. Autrement, plus je compterais sur ma valeur et sur celle de mes troupes, moins je voudrais me commettre et les exposer : par la raison que plus une chose est précieuse, plus on est attentif à la conserver.

Il me reste à vous demander, reprit Cyrus, comment on peut se procurer cet avantage sur ses ennemis ? La question, répondit Cambyse, est très importante. Apprenez, mon fils, que pour l'acquérir, cet avantage, il faut savoir tendre des pieges, dissimuler, tromper, prendre, piller, et savoir tout cela mieux que l'ennemi. Bon Dieu, s'écria Cyrus, en éclatant de rire, quel homme voulez-vous faire de moi ! Un homme, répondit Cambyse, tel qu'il n'y en aura point de plus juste et de plus ami des lois. Pourquoi donc, demanda Cyrus, nous a-t-on enseigné tout le contraire, dans les deux classes par où j'ai passé ? On vous l'enseignerait encore, dit Cambyse, s'il s'agissait de vous donner des règles de conduite pour vivre avec vos concitoyens et vos amis Mais, ne vous rapelez-vous pas que dans ces mêmes classes dont vous parlez, on vous dressait à des exercices, qui étaient comme l'apprentissage du grand art de nuire aux ennemis ? Non, dit Cyrus. Pourquoi, continua Cambyse, vous apprenait-on à tirer de l'arc, à lancer le javelot, à pousser vers les toiles ou faire tomber dans les pièges les sangliers et les cerfs ? Pourquoi au lieu d'attaquer de front les lions, les ours et les léopards, cherchiez-vous toujours à les combattre sans danger? C'était là, mon fils, autant de ruses, de tours d'adresse, de tromperies et de moyens d'avoir sur eux un avantage certain. Il est vrai, repartit Cyrus, que nous en usions ainsi contre les animaux: mais je me souviens très bien que quand je laissais voir seulement l'intention de tromper un homme, j'étais sévèrement puni. On ne vous permettait pas non plus, répliqua Cambyse, de tirer vos flèches ou de lancer votre dard contre des hommes: on vous apprenait à viser juste au but; non pour vous rendre redoutable à vos amis, mais afin qu'en temps de guerre vous pussiez porter des coups plus sûrs à l'ennemi. Ce n'était pas non plus contre vos semblables, mais contre les animaux, qu'on vous enseignait à user de ruse et à prendre vos avantages, à force de les tromper. On voulait, non que vous eussiez de quoi nuire à vos amis; mais qu'en cas de guerre vous n'ignorassiez aucun des stratagèmes qui s'y pratiquent.

Puisqu'il est également utile, répliqua Cyrus, de pouvoir faire aux hommes et du bien et du mal, on devait donc nous donner des leçons relatives à ces deux objets. Si j'en crois la tradition, répondit Cambyse, nos pères ont vu de leur temps un maître qui faisait précisément ce que vous demandez: il donnait aux enfants de leçons de justice et d'injustice: il leur apprenait à ne point mentir et à mentir, à ne point tromper et à tromper, à ne point calomnier et à calomnier, à négliger leur propre avantage et à le chercher, suivant la différence des personnes à qu'ils avaient affaire; car il ne voulait pas que l'on se comportât de la même manière avec ses amis et avec ses ennemis. Enfin, il allait jusqu'à enseigner qu'il était juste de tromper ses amis, même de les voler, quand le vol ou la tromperie devaient tourner à leur profit. Sans doute, le maître qui donnait de pareils principes, accoutumait ses disciples à les pratiquer entre eux; comme on dit que les Grecs instruisent leurs enfants à user de ruse dans l'exercice de la lutte, en les accoutumant à l'employer les uns contre les autres. Or, il arriva que quelques-uns de ces enfants, nés avec du goût pour la filouterie, pour la fraude, peut-être aussi avec l'amour du gain, essayèrent leur adresse sur leurs camarades et les volèrent. Alors on fit une loi qui subsiste encore aujourd'hui, par laquelle il fut ordonné d'enseigner simplement aux enfants, comme nous l'enseignons aux gens qui nous servent, à dire toujours la vérité, à ne point tromper, à ne point voler, à ne point dérober, sous peine d'être punis : par cette éducation, on en fait des citoyens d'un commerce plus doux et plus sûr. Arrivés à l'âge où vous êtes maintenant, on croit pouvoir leur apprendre sans danger les lois de la guerre : et il n'est pas à craindre que de jeunes gens habitués à des égards réciproques, deviennent tout à coup des citoyens barbares. On s'abstient, dans leur grande jeunesse, de leur parler des plaisirs de l'amour; de peur que l'indiscrétion qui est le propre de leur âge, se joignant à l'ardeur du tempérament, ne les porte à des excès.

Ce règlement est très sage, dit Cyrus. Mais, mon père, continua-t-il, revenons, je vous prie, à ce que vous me disiez de la nécessité de prendre ses avantages. Voulez-vous bien m'apprendre, puisque je n'ai pu le savoir jusqu'à présent, ce qu'il faut faire pour y réussir? Il faut, mon fils, répondit Cambyse, faire en sorte de surprendre les ennemis, lorsqu'ils seront en désordre, et que vous aurez eu le temps de vous ranger en bataille; lorsqu'ils seront désarmés et que vos troupes seront sous les armes; lorsqu'ils seront endormis et que vos soldats seront éveillés; lorsque vous aurez pu les bien reconnaître, sans être decouvert; lorsque vous les verrez dans un mauvais poste et que vous serez placé avantageusement. Est-il possible, repliqua Cyrus, que les ennemis tombent dans les fautes que vous supposez? Il est presque inévitable, dit Cambyse, que vos ennemis et vous-même n'y tombiez quelquefois. Dans les deux armées, on a galement besoin de manger et de dormir: de part et d'autre on est obligé, le matin, de s'éloigner du camp pour satisfaire aux nécessités naturelles: on passe par les mêmes chemins, quels qu'ils soient. En réfléchissant sur toutes ces choses, vous sentirez que le point essentiel est de vous tenir plus que jamais sur vos gardes, lorsque vous croirez être le plus faible, et d'attaquer vigoureusement lorsque vous serez supérieur en force.

Sont-ce là, mon père, toutes les précautions qu'il y ait à prendre pour faire la guerre avec avantage? y en a-t-il encore quelques autres? Il y en a d'autres, mon fils, et de très importantes. Celles que je viens de vous indiquer sont des moyens généraux : car il n'y a personne qui ne sache qu'il faut redoubler de vigilance, quand le besoin devient plus pressant. Il est, de plus, nécessaire de savoir tromper l'ennemi : et voici comment on s'y prend. Tantôt on l'entretient dans une fausse sécurité, qui l'expose à être surpris; tantôt, par une retraite feinte, on l'engage à rompre ses rangs pour se mettre à la poursuite : une autre fois, par une fuite simulée, on l'attire dans des lieux difficiles, où il est aisé de l'envelopper. Mais, d'après cette légère instruction que vous avez désirée sur les ruses pratiquées à la guerre, ne croyez pas devoir vous en tenir simplement à celles qu'on vous aura fait connaître : il faudra quelquefois en imaginer de vous-même. Les musiciens ne se bornent pas à répéter toujours les airs qu'ils ont appris, ils en inventent de nouveaux : et si la fécondité brillante de leur imagination, dans un genre tel que la musique, leur mérite des applaudissements, quels éloges ne doit-on pas à celui qui tire de la sienne des nouveautés utiles dans l'art de la guerre, je veux dire de nouveaux stratagèmes pour tromper les ennemis ?

Croiriez-vous, mon fils, que, pour vous rendre maître des hommes, vous n'avez rien de mieux à faire que d'employer contre eux les mêmes ruses dont vous aviez coutume d'user contre les plus petits animaux ? Par exemple, on vous a vu vous lever au milieu de la nuit, dans le fort de l'hiver le plus rude, pour aller faire la guerre aux oiseaux : avant qu'ils fussent éveillés, vos lacets étaient tendus, et avec tant d'adresse qu'il ne paraissait pas que la terre eût été remuée. Vous aviez dressé vous-même des oiseaux à vous servir de troupe auxiliaire, en attirant leurs semblables dans les panneaux que vous aviez préparés ; et du fond du réduit, d'où vous pouviez voir sans être vu, vous vous élanciez pour fondre sur la proie, avant qu'elle pût vous échapper. Rappelez-vous vos chasses du lièvre. Comme cet animal ne cherche à paître que dans les ténèbres, et qu'il passe le jour à fuir dans les champs, vous aviez des chiens pour le quêter, d'autres pour le courre quand il était lancé, enfin pour le prendre. Si vos chiens tombaient en défaut vous cherchiez à connaître ses refuites ordinaires : là vous tendiez des filets qui ne pouvaient être aperçus, et dans lesquels il s'embarrassait d'autant plus sûrement que sa course était plus rapide. De crainte qu'il ne se dégageât, vous postiez des gens aux environs pour observer ce qui arriverait et courir promptement sur l'animal : ceux-là devaient se tenir bien cachés, sans faire le moindre bruit, tandis que, resté en arrière, vous le poursuiviez en poussant des cris qui l'effrayaient au point de se laisser prendre sans résistance.

Je vous l'ai dit, mon fils, et je vous le répète, si vous employez ces mêmes artifices contre les ennemis, je vous réponds qu'il ne vous en échappera pas un seul. Dans les cas où vous vous trouverez obligé d'en venir aux mains en rase campagne, à force ouverte et armes égales, vous sentirez le prix des avantages que vous aurez su vous procurer d'avance. J'entends par avantages, d'avoir des soldats dont l'âme participe à la vigueur de leur corps, et bien exercés à toutes les manœuvres militaires. Vous n'oublierez pas que si vous voulez être obéi, il faut qu'ils soient persuadés que vous ne leur commandez rien que d'utile pour eux-mêmes. En général, mon fils, vous devez penser à tout et avoir toujours l'esprit occupé; méditer durant la nuit ce que vous voulez faire exécuter lorsque le jour paraîtra, et, pendant le jour, ce qu'il conviendra de faire quand la nuit sera venue.

Je ne vous parle point de la manière de ranger une armée en bataille, d'en régler la marche, soit de jour, soit de nuit, dans des défilés ou dans de grandes routes, dans le plat pays ou dans les montagnes. Je ne vous dirai pas comment il faut asseoir un camp, poser des sentinelles, soit pour la nuit, soit pour le jour; mener vos troupes à l'ennemi ou ordonner la retraite; les conduire à l'attaque d'une place, approcher des murs ou s'en tenir éloigné; comment on assure le passage des bois et des rivières; quelles mesures on prend contre la cavalerie ou contre les gens de trait; comment vous devez disposer vos troupes, si vous voyez l'ennemi venir à vous, pendant que vous marchez en colonne; quel mouvement il est à propos de faire, si, tandis que vous marchez en ordre de bataille, il paraît se preparer à vous attaquer autrement que de front; enfin, par quels moyens vous pouvez découvrir ses projets et lui cacher les vôtres. Je vous ai dit sur cet article tout ce que je savais : il serait superflu de vous le répéter. Vous avez eu d'ailleurs de fréquents entretiens avec les gens de guerre qui vous paraissaient instruits dans leur art, et vous aurez profité de leurs connaissances. Il ne s'agit plus, ce me semble, que de faire usage à propos de celles que vous avez acquises. Mais il me reste à vous donner une dernière instruction, la plus importante de toutes.

Gardez-vous, mon fils, de jamais exposer votre personne ou votre armée, que vous n'ayez offert des sacrifices aux Dieux, et connu leur volonté par les auspices. Songez que les hommes n'ont pour se conduire que des conjectures, et qu'ils ne peuvent savoir si l'action qu'ils vont faire tournera plutôt à leur avantage qu'à leur préjudice. Les exemples prouvent combien de fois ils s'y sont mépris. On a vu de grands personnages, qui passaient pour habiles politiques, conseiller des guerres dont l'issue a été la perte de la nation qui les avait entreprises, par leur avis. On a vu des citoyens qui avaient contribué ou à l'élévation d'un particulier, ou à l'agrandissement d'une république, n'être payés de leurs services que par les plus indignes traitements. Plusieurs ont mieux aimé avoir pour esclaves que pour amis, des gens avec qui ils auraient pu se lier par un commerce réciproque de bons offices; et ceux-la même dont ils avaient dédaigné l'amitié, les en ont punis. D'autres, pour n'avoir pas su se contenter de la vie agréable qu'ils pouvaient mener, en jouissant de la portion de biens que le sort leur avait donnée, et avoir voulu tout envahir, ont été dépouillés de ce qui leur appartenait legitimement. D'autres enfin apres avoir amassé des trésors de ce métal, objet des désirs de presque tous les hommes, sont morts victimes de leur cupidité.

Concluons, mon fils, que la prudence humaine n'est pas un guide plus sûr que le hasard. Mais les Dieux qui tiennent à tous les temps, connaissent également le passe, le présent et l'avenir : comme ils savent quel doit être le succès de chaque entreprise, ils avertissent ceux qui les consultent et qu'ils regardent d'un œil favorable, de ce qu'il faut faire ou éviter. On ne doit point être surpris si tous les hommes n'obtiennent pas la même faveur : les Dieux ne doivent leurs grâces à personne; et ne peuvent être contraints de les accorder à ceux qu'il ne leur plaît pas de protéger.

LIVRE SECOND

C'est ainsi qu'ils s'entretinrent dans la route, jusqu'à leur arrivée aux frontières de la Perse. Alors apercevant sur la droite un aigle, qui volait devant eux, ils prièrent les Dieux et les Héros protecteurs de leur patrie, de les assister dans leur voyage, et sortirent de la Perse. Dès qu'ils eurent mis le pied sur les terres des Mèdes, ils implorèrent la bienveillance des Dieux du pays, et se firent les plus tendres adieux. Cambyse reprit le chemin de ses Etats : Cyrus s'avança dans la Médie, pour aller rejoindre Cyaxare.

Lorsqu'il fut arrivé à la cour de son oncle, aussitôt après les premiers embrassements, Cyaxare lui demanda si l'armée qu'il amenait était considérable. Elle est, répondit Cyrus, de trente mille hommes, qui ont déjà servi sous vos drapeaux à votre solde, et d'un certain nombre d'Homotimes qui n'ont jamais quitté la Perse. Ce nombre, dit Cyaxare, de combien est-il? Si vous les comptez, répliqua Cyrus, vous ne serez pas content; mais vous le serez, si vous considérez qu'une poignée de ces Homotimes vaut mieux qu'une multitude de Perses d'une autre classe. D'ailleurs, est-il bien certain que vous ayez besoin de ce secours? Ne vous êtes-vous pas alarmé mal à propos, et sans être sûr que les ennemis approchent? Non, par Jupiter, reprit Cyaxare, ils viennent avec une armée formidable. Comment le savez-vous, repartit Cyrus? — Par le récit unanime, à quelques circonstances près, de plusieurs Mèdes qui arrivent du côté de l'Assyrie. Il en faudra donc venir aux mains, ajouta Cyrus. —Nous ne pourrons nous en dispenser. — Eh pourquoi, reprit Cyrus, n'avez-vous pas commencé par m'instruire de l'état de leurs forces, puisque vous les connaissez; afin que les comparant aux nôtres, nous puissions déliberer sur les moyens de combattre avec avantage? Ecoutez, repartit Cyaxare : Crésus roi de Lydie est, dit-on, accompagné de dix mille cavaliers et de plus de quarante mille, soit archers, soit fantassins legerement armés. Artamas, roi de la grande Phrygie, amene avec lui huit mille cavaliers et environ quarante mille hommes de pied, armes les uns de piques, les autres a la légere. Aribée, roi de Cappadoce, a pour le moins six mille hommes de cavalerie et à peu près trente mille fantassins, tant archers que soldats legerement armés. L'Arabe Maragdas est suivi d'environ dix mille cavaliers, de cent chars et d'une grosse troupe de frondeurs. J'ignore encore si les Grecs Asiatiques se reunissent à nos ennemis; mais ceux qui habitent la Phrygie sur les bords de l'Hellespont, doivent, dit-on, se joindre à Gabée, qui a rassemble dans les plaines du Caystre six mille hommes de cavalerie et dix mille d'infanterie legere. Pour les Cariens, les Ciliciens et les Paphlagoniens, on dit qu'ils ont refusé d'entrer dans la ligue, quoiqu'on les y ait invites. Quant au monarque Assyrien, qui commande a Babylone et au reste de l'Assyrie, je pense qu'il aura environ vingt mille cavaliers, deux cents chars, et une multitude innombrable de gens de pied : c'est sa coutume, quand il vient attaquer nos frontières L'armée ennemie, reprit Cyrus, sera donc composée, à peu prés de soixante mille hommes de cavalerie et de deux cent mille fantassins ou archers. Voyons à présent quelles sont vos forces. La cavalerie Mède, répondit Cyaxare, est de plus de dix mille hommes; l'infanterie et les archers en formeront environ soixante mille; les Arméniens, nos voisins, nous fourniront quatre mille cavaliers et vingt mille hommes de pied. Nos ennemis, repartit Cyrus, auront donc au moins deux tiers de cavalerie et moitié plus d'infanterie que nous. Comptez-vous pour rien, dit Cyaxare, les Perses que vous amenez? Nous examinerons dans un autre moment, répliqua Cyrus, s'il est nécessaire d'augmenter le nombre de nos soldats : maintenant, je vous prie de m'apprendre quelle est la façon de combattre de chacun de ces peuples. Ils ont tous à peu près la même, répondit Cyaxare : leurs troupes, comme les nôtres, sont composées d'archers et d'autres gens de trait. Avec ces armes, reprit Cyrus, on ne peut combattre que de loin. Cela est vrai, dit Cyaxare. Ainsi, ajouta Cyrus, la victoire sera du côté de l'armée la plus nombreuse; car celle qui l'est le moins, accablée d'une multitude de traits, doit être, la plus promptement détruite.

Dans ce cas, dit Cyaxare, que peut-on faire de mieux que d'envoyer en Perse demander un nouveau renfort, en représentant que si les Mèdes sont battus, les Perses seront bientôt attaqués? Sachez, répondit Cyrus, que quand la nation entière viendrait à votre secours, nous ne serions pas encore supérieurs en nombre. Imaginez-vous un meilleur moyen, repartit Cyaxare? Si j'étais à votre place, dit Cyrus, je ferais fabriquer pour tous les Perses qui me suivent des armes pareilles à celles des Homotimes : ces armes sont une cuirasse qui couvre la poitrine, un bouclier qu'on porte à la main gauche et une hache ou une epée qu'on porte à la droite. Moyennant cette précaution, nos gens iront en avant avec plus de confiance, et l'ennemi sentira qu'il est plus sûr pour lui de fuir que de nous resister. Je m'engage à charger avec les troupes perses ceux qui tiendront ferme : ayez seulement soin avec votre cavalerie d'empêcher que les fuyards n'echappent ou ne reviennent au combat. Cyaxare ayant approuvé ce projet fit travailler sans relâche aux armes que Cyrus demandait et ne songea plus à ramasser de nouveaux soldats. Elles étaient presque achevees quand les Homotimes arrivèrent à la tête de l'armee perse. Aussitôt Cyrus les assembla et leur tint ce discours : « Mes amis, en considérant que l'espece de vos armes, bien assortie à votre valeur, va vous porter à voir de près l'ennemi, tandis que celles de vos soldats ne sont propres qu'à combattre de loin, j'ai craint qu'il ne vous arrivât quelque malheur, si votre petite troupe se trouvait avoir affaire, sans être soutenue, à un corps plus nombreux. Comme les Perses que vous amenez sont robustes, je leur ai fait préparer des armes semblables aux nôtres. C'est à nous de les encourager à bien faire : car il ne suffit pas à un chef d'être brave de sa personne ; il doit s'efforcer de rendre aussi braves qu'il est possible ceux qu'il commande ». Ainsi parla Cyrus.

Les Homotimes apprirent avec joie qu'ils seraient secondes par un plus grand nombre de combattants ; et l'un d'entre eux prenant la parole : « On sera peut-être surpris, dit-il, que je conseille à Cyrus de parler lui-même aux Perses qui doivent combattre à nos côtes, lorsqu'ils viendront prendre leurs nouvelles armes : mais je suis persuadé que les discours de celui qui a le pouvoir de récompenser et de punir, agissent toujours plus puissamment sur les esprits. Tel est l'ascendant de l'autorité qu'on est plus touché d'obtenir de son supérieur un don médiocre qu'on ne le serait d'en recevoir un plus considérable de la part de son égal. Je pense donc que les discours de Cyrus feront plus d'impression que les nôtres, et que les Perses nouvellement élevés au rang des Homotimes par leur général, fils de leur roi, s'y croiront plus solidement établis que s'ils le tenaient de nous. Cependant, nous ne devons rien négliger de ce qui dépend de nous pour animer leur courage, puisqu'en l'augmentant nous travaillerons pour nos propres intérêts ».

Alors Cyrus ayant fait apporter les armes et assembler l'armée : « Camarades, dit-il, nous sommes tous nés dans le même pays, vous y avez été elevés avec nous : vos corps ne sont donc pas moins robustes que les nôtres, et vos âmes ne doivent pas être moins courageuses. Il est vrai que dans notre commune patrie vous ne jouissiez pas des mêmes prérogatives que nous, non que nous eussions refusé de vous y associer, mais la nécessité d'assurer votre subsistance par le travail vous en excluait. Cette subsistance est aujourd'hui bien assurée : j'aurai soin, avec l'aide des dieux, de pourvoir à vos besoins. Il ne tient qu'à vous, quoique vous nous soyez inférieurs, à quelques égards, de prendre des armes semblables aux nôtres et de partager nos dangers, notre gloire et nos succès, si nous réussissons. Vous avez été d'abord instruits comme nous à tirer de l'arc et à lancer le javelot; mais moins exercés que nous, qui avions plus de loisir, il n'est pas étonnant que vous fussiez moins adroits.

Avec l'armure qu'on vous donne aujourd'hui, nous n'aurons plus d'avantage sur vous : chacun aura la poitrine couverte d'une cuirasse, la main gauche armée d'un bouclier, tel que nous le portons, et la droite d'une épée ou d'une hache pour frapper l'ennemi : il s'agit seulement de faire en sorte qu'aucun de nos coups ne porte à faux. En quoi donc pourrait-il y avoir de la différence entre nous? Sans doute, ce ne sera pas du côté de la valeur : sur ce point, vous saurez bien nous égaler. Avez-vous, en effet, moins de raisons que nous de désirer la victoire et d'en recueillir les fruits? Etes-vous moins intéressés à vous procurer cette supériorité qui met dans la main des vainqueurs toutes les possessions des vaincus? Vous m'avez entendu : vous voyez les armes, prenez-les si elles vous conviennent, et allez vous faire inscrire au même rang que nous, chez vos capitaines. Que ceux qui aiment mieux rester dans la classe des mercenaires gardent les armes propres à cet état ». Quand Cyrus eut cessé de parler, les Perses convaincus que s'ils n'acceptaient pas des offres qui les égalaient aux Homotimes, ils mériteraient d'être malheureux toute leur vie, se firent tous inscrire et prirent les armes qui leur étaient offertes.

Les ennemis ne paraissant point encore, quoiqu'on ne cessât de dire qu'ils approchaient, Cyrus mit ce temps à profit pour exercer ses soldats, les endurcir à la fatigue, les former à la tactique et surtout échauffer leur courage. Il commença par demander à Cyaxare des valets qu'il chargea de fournir aux soldats ce qui serait nécessaire à chacun d'eux, afin que délivrés de tout soin, ils n'eussent qu'à s'occuper de la guerre Il était persuadé que pour exceller dans un art, il faut y donner toute son application, sans la partager entre plusieurs objets. Par cette raison, il crut devoir interdire aux Perses l'exercice de l'arc et du javelot, et voulut qu'ils se servissent uniquement de l'épée, du bouclier et de la cuirasse. Il les mettait ainsi dans la nécessité de combattre de pres ou d'avouer qu'ils n'etaient pas dignes du métier qu'ils faisaient, aveu humiliant pour des hommes qui savent que la solde qu'on leur paye est le prix du sang qu'ils doivent répandre.

Comme la réflexion lui avait appris qu'en toutes choses l'émulation est pour les hommes un puissant aiguillon; afin d'exciter ses troupes à se fortifier dans les diverses parties de la discipline, il proposa des prix et régla de cette maniere ce qui devait être observé pour les meriter. On exigeait du simple soldat, qu'il fût soumis aux chefs, actif au travail, intrépide sans témérité, adroit, intelligent, curieux d'avoir de belles armes, et sur tous ces points avide de louange. On exigeait du cinquainier qu'il réunît toutes les qualités du bon soldat, et de plus qu'il s'occupât de dresser sa cinquaine sur ce même modèle: on exigeait une pareille attention de la part du dizainier sur sa dizaine, du chef d'escouade sur son escouade, du capitaine sur sa compagnie. Les autres chefs étaient également tenus de bien remplir les fonctions de leur charge, de veiller sur les officiers qui leur étaient subordonnés, et de faire en sorte que ceux-ci maintinssent leurs inférieurs dans le devoir.

Voici quelles étaient les récompenses. Le capitaine qui avait le mieux discipliné sa compagnie, obtenait le commandement de mille hommes; le chef d'escouade dont les soldats étaient le mieux exercés, la place vacante par la promotion d'un capitaine; le dizainier qui s'était distingué, celle de chef d'escouade; le cinquainier, celle de dizainier; enfin, le simple soldat, celle de cinquainier. De là il resultait que les subalternes devaient être plus soumis à leurs chefs, et que chacun dans son ordre pouvait acquérir un grade supérieur. Pour ceux qui se seraient singulièrement distingués, Cyrus leur donnait encore de plus hautes espérances, si dans la suite la fortune lui était favorable. Il établit pareillement des prix d'émulation, mais d'un genre différent, pour les compagnies entieres, pour les escouades, pour les dizaines, pour les cinquaines qui montreraient plus de soumission à leurs chefs et plus d'exactitude à la discipline. Tout ce qu'il avait prescrit fut exactement observé par les troupes.

Quant à la manière de camper, il régla le nombre des tentes sur celui des capitaines, et voulut qu'elles fussent assez grandes pour contenir les cent hommes dont chaque compagnie était composée. Il espérait tirer de cet arrangement différents avantages pour un jour d'action. D'abord, comme les soldats seraient à portée de voir que la nourriture etait la même pour tous, si quelques-uns se portaient moins vigoureusement contre l'ennemi, ils ne pourraient alleguer pour prétexte qu'ils étaient moins bien traités que les autres : comme ils se connaîtraient tous, chacun d'eux craindrait les yeux de ses camarades, et ne voudrait pas se déshonorer en leur présence. Quand on n'est pas connu, on se permet aisément de faire le mal, de même que quand on croit n'être pas vu. Ils contracteraient d'ailleurs l'habitude de garder exactement leur rang, par l'attention que devaient avoir le capitaine, le chef d'escouade, le dizainier, le cinquainier, de faire observer, chacun à sa troupe, le même ordre dans la tente qu'elle observait dans la marche. Cyrus jugeait cette précaution nécessaire, soit pour prévenir la confusicn, soit pour y remédier promptement. En effet, on assemble sans peine des pierres ou des pièces de bois destinées pour un bâtiment, quoique dispersées çà et là, pourvu que certaines marques designent la place que chacune doit occuper. Enfin, il pensait que des hommes accoutumés à vivre ensemble, ne se quitteraient pas volontiers : il avait remarqué que les animaux nourris dans le même lieu paraissent s'attrister lorsqu'on les separe.

Il voulait que ses troupes ne prissent jamais leur repas, le dîner ou le souper, qu'elles ne se fussent fatiguées jusqu'a suer. Dans cette vue, tantôt il les faisait chasser a outrance, tantôt il imaginait quelques jeux non moins violents ; quelquefois il leur imposait des travaux extraordinaires, d'où ils ne revenaient que trempés de sueur. Il prétendait par là les disposer a manger avec plus d'appétit et les rendre plus sains et plus robustes. Il comptait aussi que travaillant toujours ensemble, ils en seraient d'un commerce plus doux, et moins querelleurs ; de même qu'on voit les chevaux vivre en paix avec leurs compagnons de travail. A quoi il faut ajouter que des soldats qui savent que leurs camarades ont eté instruits comme eux, et formés aux mêmes exercices, doivent marcher à l'ennemi avec plus de confiance.

Cyrus avait eu soin que sa tente fût assez vaste pour contenir tous ceux qu'il jugeait à propos d'admettre à sa table : il y invitait le plus ordinairement les capitaines, tantôt l'un, tantôt l'autre, suivant les circonstances quelquefois les chefs d'escouade, les dizainiers, les cinquainiers, les simples soldats; quelquefois une cinquaine, une dizaine, une escouade, une compagnie entiere. En un mot, tous ceux qu'il voyait se comporter de manière à servir de modèle aux autres, avaient droit à la même distinction. Il voulait qu'à sa table tous fussent traités comme lui : les gens destinés au service de l'armée n'en étaient pas même exclus; ils avaient une égale part aux distributions. Ces gens-là, disait-il, ne méritent pas moins de considération que des hérauts ou des ambassadeurs; il faut qu'ils soient fideles, instruits des détails militaires, intelligents, adroits, actifs, intrépides; enfin qu'à toutes les qualités qui forment un brave homme, ils joignent cette bonne volonté qui fait qu'on ne dédaigne aucune commission, et qu'on est toujours prêt à exécuter l'ordre du général.

Lorsque Cyrus réunissait ses officiers dans sa tente, il avait soin que la conversation fût à la fois agréable et instructive. Un jour, il leur proposa cette question : Pensez-vous, mes amis, que l'éducation que nous avons reçue dans notre jeunesse nous donne quelque supériorité sur les autres Perses, ou que la différence d'éducation n'en mette aucune entre eux et nous, soit pour la société, soit pour la guerre? A l'égard de la guerre, répondit Hystaspe, je ne sais pas encore comment ils s'y comporteront; mais pour la société, je sais que plusieurs paraissent de mauvaise humeur et difficiles à vivre. Dernièrement, continua-t-il, Cyaxare ayant envoyé à toutes nos compagnies une certaine quantité de viandes, il en fut distribué à chacun trois portions au moins. Le cuisinier avait commencé par moi le premier service; lorsqu'il apporta le second, je lui ordonnai de commencer par la queue et de servir en sens contraire. Dans ce moment, un soldat du milieu du cercle s'écria qu'il n'y aurait point d'égalité dans la distribution, si on ne la commençait jamais par le centre. Je fus fâché d'apprendre par ce propos qu'il paraissait y avoir réellement de l'inégalité; j'invitai ce soldat à venir se placer auprès de moi: il y vint d'un air fort grave. Bientôt on nous présenta les portions: comme nous nous trouvions les derniers, il ne restait que les plus petites. Le soldat ne put contenir sa douleur: Fortune ennemie, dit-il, pourquoi m'a-t-on appelé à cette place! Soyez tranquille, repris-je, on va recommencer par nous et vous aurez la plus grosse part. Le cuisinier ayant apporté le troisième service, qui devait être le dernier, le soldat prit après moi sa portion; puis celui qui le suivait: alors mon homme s'imaginant que le morceau de son voisin était plus fort que le sien, le rejeta pour en choisir un autre. Mais le cuisinier qui crut que c'était un refus absolu, continua son service, sans lui laisser le temps de remettre la main au plat. Ce nouveau malheur fit une telle impression sur lui; il fut si courroucé, en songeant qu'il avait laissé emporter le morceau dont il était le maître, que dans l'excès de sa colère et de son trouble, il renversa la sauce qui lui restait sans viande. Un chef d'escouade assis près de là et témoin de cette scene, se mit à battre des mains en éclatant de rire; j'eus peine à m'empêcher d'en faire autant, et je feignis de tousser. Voilà, seigneur, ajouta Hystaspe, le véritable portrait d'un de nos camarades.

Apres ce récit qui divertit beaucoup l'assemblée, un autre capitaine prenant la parole: Il paraît, dit-il à Cyrus qu'Hystaspe s'était adressé à un homme de bien mauvaise humeur : pour moi, voici ce qui m'est arrivé. Lorsqu'apres nous avoir enseigné les évolutions militaires, vous nous ordonnâtes d'exercer nos compagnies conformement a vos leçons, je commençai, à l'exemple de mes camarades, par dresser une seule escouade. Je plaçai le chef a la tête, ensuite un jeune soldat, puis les autres dans l'ordre que je jugeai convenable. Quand ils furent arranges, je me postai vis-à-vis d'eux, et fixant mes regards sur toute la troupe, des que je crus qu'il en etait temps, je leur commandai d'avancer. Alors le jeune soldat depassa le chef d'escouade et se trouva a la tête. Que faites vous? lui dis-je. J'avance, repondit-il, comme vous l'avez ordonné. Ce n'etait pas à vous seul, répartis-je, mais à toute la troupe que l'ordre s'adressait. A ces mots, se tournant vers ses camarades : N'entendez-vous pas, lui dit-il, qu'on nous commande a tous d'avancer? Sur-le-champ tous marchent vers moi, et laissent leur chef derriere eux. Celui-ci les rappelle en vain à leur rang ; ils le trouvent mauvais : Auquel donc, s'ecrient-ils, devons-nous obéir ; l'un ordonne d'avancer, l'autre le defend ? J'eus assez de patience pour ne point me fâcher. Je remis mes gens en ordre, et tâchai de leur faire entendre qu'il ne fallait point se mettre en mouvement, que celui qui était devant ne commençât à marcher ; mais que chacun devait être attentif a suivre celui qui le precédait. Dans ce temps la même, quelqu'un qui partait pour la Perse me vint demander une lettre que j'y voulais envoyer. J'appelai le chef d'escouade qui savait où je l'avais mise, et je lui dis d'aller promptement la chercher : il part en courant. Mon jeune homme court après lui, avec son épee et sa cuirasse ; les autres en font autant ; et je vois arriver ma lettre accompagnée de toute l'escouade. Telle est, continua-t-il, l'exactitude de mes soldats à observer la discipline que vous leur avez prescrite. Tandis que tout le monde riait de la pompeuse escorte de la lettre : Grands Dieux, s'écria Cyrus, quels camarades nous avons là ! Il en coûte si peu pour s'en faire aimer, qu'il suffit de leur donner un modique repas pour être assuré de l'attachement de la plupart d'entre eux. Quelques-uns meme sont tellement diposés à obéir, qu'ils exécutent un ordre avant de l'avoir reçu : je doute qu'on puisse desirer de meilleurs soldats. Lorsqu'il eut fait ainsi leur éloge, en plaisantant, un capitaine nommé Aglaïtadas, homme de mœurs austeres, qui etait présent, lui adressant la parole : Croyez-vous, Seigneur, que tout ce qu'ils viennent de nous conter, soit vrai ? Quel intérêt, dit Cyrus, auraient-ils a mentir ? L'intérêt de faire rire, ajouta le capitaine ; à quoi il faut joindre la vanité de se faire valoir par leurs contes. Ménagez un peu les termes, reprit Cyrus ; vous abusez de celui de vanité : réservez-le pour les gens qui veulent paraître, ou plus riches, ou plus braves qu'ils ne sont en effet, et pour ceux qui promettent avec ostentation au-dela de ce qu'ils peuvent tenir ; surtout si on a lieu de les soupçonner les uns et les autres de quelque vue intéressée : ce sont là vraiment des hommes vains. Mais celui qui cherche à divertir la société où il se trouve, sans en attendre aucun profit, sans offenser aucune des personnes présentes, sans blesser qui que ce soit, pourquoi ne le regarderait-on pas plutôt comme un homme aimable et de bonne compagnie, que comme un homme avantageux ?

Cyrus prenait ainsi la défense de ceux qui avaient egaye ses convives. L'officier qui venait de raconter l'aventure de la lettre escortée, apostrophant Aglaïtadas: Sans doute, lui dit-il, si nous avions cherché à vous faire pleurer, a l'exemple de certains personnages, qui par des vers touchants ou des histoires lamentables faites à plaisir s'efforcent d'arracher des larmes, vous nous auriez traités fort durement; puisque vous nous faites un crime d'avoir essayé de vous faire rire par des plaisanteries qui avaient pour objet, vous le savez vous-meme, de vous divertir tres innocemment. Ai-je tort? repondit Aglaïtadas. Apprenez qu'on sert moins bien les gens qu'on aime, en les faisant rire qu'en les faisant pleurer: vous en conviendriez, si vous jugiez sainement des choses Un pere ne forme ses enfants à la vertu, un maître n'enseigne les sciences à ses disciples, qu'en leur faisant verser des larmes. Et n'en fait on pas verser de même aux citoyens, pour les contraindre d'obeir aux lois qui leur ordonnent d'être justes? Pourrez-vous dire que le talent d'exciter le rire soit capable de rendre les corps plus robustes et les âmes plus propres à l'administration des affaires domestiques, ou au gouvernement de l'Etat? Aglaïtadas, dit alors Hystaspe, si vous m'en croyez, vous distribuerez hardiment a nos ennemis ce bien précieux dont vous faites tant de cas, et vous essaierez de les faire pleurer tout à leur aise; mais ce ris que vous estimez si peu, vous le garderez pour nous et pour nos amis. Vous devez en avoir une ample provision: car vous ne l'avez pas epuisé par l'usage; et je doute que vous en ayez jamais usé volontairement, même en faveur de vos amis ou de vos hôtes: ainsi vous n'avez aucun prétexte qui vous dispense de nous en faire part. Prétendez-vous, Hystaspe, répondit Aglaïtadas, tirer de moi de quoi vous faire rire? Ce serait une grande folie, repartit l'officier (1); on en tirerait plutôt du feu. A ce propos, tous ceux qui connaissaient le caractere d'Aglaïtadas se mirent à rire, et lui-même il laissa échapper un sourire. Cyrus voyant qu'il se déridait, dit à l'officier : Vous avez tort de forcer a rire un homme aussi sérieux et aussi ennemi du ris, que l'est Aglaïtadas ; c'est vouloir le pervertir.

Cette conversation finie, Chrysante prit la parole : Seigneur, dit-il, et vous qui êtes présents, je fais une réflexion que je vais vous communiquer. Certainement, les Perses que nous avons amenés ne sont pas tous d'une égale valeur : cependant, si la fortune nous favorise, tous voudront avoir une part égale au butin ; et il serait, à mon avis, de la derniere injustice d'accorder indifferemment au brave homme et au lâche, les mêmes récompenses. Eh bien, mes amis, dit Cyrus, jurant par les Dieux, ce qu'il y a de mieux à faire, c'est d'en parler à l'armée et de prendre son avis : elle décidera lequel lui paraît plus expédient, si le ciel seconde notre entreprise, ou de traiter également tous les soldats, ou de regler les récompenses sur le mérite des actions. Pourquoi, reprit Chrysante, s'en rapporter à la décision de l'armee, et ne pas déclarer simplement votre volonté? Seul et de

(1) C'est le même qui a raconté l'histoire de la lettre. Je remarquerai à cette occasion qu'il y a dans le texte une faute que les commentateurs n'ont point relevée, quoiqu'elle jette de l'obscurité dans tout ce dialogue. La première fois que Xénophon parle de cet officier, il le qualifie *taxiarque* ou *capitaine*, titre qui convient en effet aux fonctions qu'il lui attribue : il n'est plus nommé ensuite que *chef d'escouade;* d'où il arrive qu'au premier coup d'œil on croit qu'il s'agit de deux personnes différentes.

votre propre mouvement vous avez établi des prix pour exciter l'émulation, et vous les avez distribués sans consulter personne. C'est tout autre chose, repliqua Cyrus. Je présume que les soldats regarderont les fruits de notre expédition comme un bien commun, auquel ils ont tous un droit égal; au lieu que me voyant revêtu du commandement général, par le privilege de ma naissance, ils ne peuvent regarder comme une usurpation de ma part, le pouvoir que je me suis attribué de disposer des emplois et des grades. Croyez-vous, repartit Chrysante, que les troupes assemblees opinent pour l'inégalité du partage, et soient d'avis que ceux qui se seront distingués aient plus de part aux honneurs et au butin? Je le crois, répondit Cyrus, et parce que vous tous, vous appuierez cet avis, et parce que chacun sentira qu'il serait honteux de s'opposer a la distinction que méritent ceux qui ont essuyé plus de fatigues et rendu de plus grandes services. Je vais plus loin: je crois que les lâches mêmes applaudiront a cette distinction en faveur des plus braves.

C'etait particulierement pour les Homotimes que Cyrus desirait de voir ce reglement approuvé par l'armée : il comptait que la certitude d'être jugés sur leurs actions, et récompensés suivant leur merite, ajouterait encore à leur valeur; et comme il avait remarqué que les Homotimes ne craignaient rien tant que d'être confondus, par l'egalité du traitement, avec les simples soldats, il jugea qu'il était à propos de mettre sur-le-champ l'affaire en délibération. Tous ceux qui étaient dans sa tente furent du même avis, et convinrent que quiconque se piquait de bravoure devait appuyer l'opinion qui venait d'être proposée. Sur cela, un des capitaines dit en souriant : Je connais un soldat qui ne manquera pas d'opiner fortement contre l'égalité. Qui est-ce? demanda quelqu'un. C'est, répondit le capitaine, un soldat de ma compagnie, qui veut en toute occasion avoir plus que ses camarades. Veut-il avoir aussi plus de part au travail? demanda un autre. Non, vraiment, dit le capitaine ; je reconnais que je m'étais trop avancé : il a la complaisance de souffrir que les autres prennent plus de part que lui, s'ils le veulent, au travail et à la fatigue. Je pense, dit Cyrus, que pour avoir une bonne armée et bien disciplinée, il faudrait nous défaire de tous ceux qui lui ressembleraient : car la plupart des soldats sont naturellement disposés a suivre l'impression qu'on leur donne; et on sait que si les gens vertueux tâchent de porter au bien leurs compagnons, les méchants ne font pas moins d'efforts pour les entraîner au mal. Ceux-ci même, pour l'ordinaire, réussissent plus sûrement à grossir leur parti : le charme des plaisirs, dont la route du vice est semée, séduit la multitude, tandis que la vertu, qui conduit les hommes par un sentier escarpé, n'a rien qui les attire, surtout s'ils sont invités d'ailleurs à suivre une pente plus douce et plus aisée. Si donc parmi nos soldats il s'en trouve qui ne soient que mous et paresseux, je les regarde simplement comme des frelons, qui ne nuisent à leurs camarades qu'en consommant, en pure perte, une partie des vivres; mais ceux qui, étant a la fois mous au travail et assez impudents pour exiger néanmoins un bon traitement, sont encore capables de corrompre les autres; comme il est possible que leur méchanceté triomphe quelquefois, je n'hésite pas à dire qu'il faut absolument les chasser. N'examinez pas si vous aurez des soldats perses pour recruter vos compagnies. Quand vous avez besoin de chevaux, vous cherchez les meilleurs, sans vous informer s'ils sont de votre pays : choisissez de même, chez les autres nations, les hommes qui vous paraîtront les plus propres à vous bien seconder et à vous faire honneur. L'avantage de cette pratique se prouve aisément par des exemples : un char attelé de chevaux persans ne peut avoir qu'une marche fort lente, et la marche sera mal réglée, si les chevaux sont de force inégale. Une maison ne saurait être bien administrée par de mauvais domestiques ; il serait moins fâcheux d'en manquer que d'en avoir qui la dérangent. Soyez certains que le renvoi des mauvais sujets produira plus d'un bien : non-seulement nous y gagnerons de nous en débarrasser, mais de plus, si parmi ceux qui nous resteront, il y en a qui commencent à se gâter, il sera plus facile de les corriger. Enfin, la note d'infamie, dont les méchants auront été flétris, deviendra pour les bons un nouvel encouragement à la vertu. Toute l'assemblée applaudit au discours du général, et il fut résolu qu'on s'y conformerait.

Cyrus, qui voulait égayer de nouveau la conversation, s'étant aperçu qu'un chef d'escouade avait amené avec lui au souper, et faisait asseoir sur le même lit, un homme que son extrême difformité et le poil dont il était couvert rendaient remarquable, lui adressa la parole, en l'appelant par son nom : Sambaulas, lui dit-il, est-ce pour sa beauté, qu'à la mode des Grecs, vous nous avez amené cet agréable jeune homme qui est à table à côté de vous ? J'avoue franchement, répondit Sambaulas, que j'ai beaucoup de plaisir à le voir et à vivre avec lui. A ces mots, tous les yeux se tournèrent vers le soldat, et son excessive laideur excita un rire général. Qu'a donc fait cet homme, dit quelqu'un, pour mériter de vous une affection si tendre? Je vais vous le dire, répliqua Sambaulas : Je ne l'ai jamais appelé, ni le jour, ni la nuit, qu'il ne soit arrivé auprès de moi, non à pas lents, mais en courant, et sans jamais alléguer de prétexte pour s'en dispenser : quelque ordre que je lui aie donné, il l'a toujours exécuté avec la plus grande diligence : il m'a formé douze soldats sur son modèle, moins par des paroles que par ses exemples. S'il est tel que vous le dépeignez, dit un des convives, vous devriez le baiser comme on baise ses parents. Il n'en fera rien, répartit le soldat; il n'aime pas les ouvrages pénibles : s'il me baisait, il mériterait d'être dispensé de toute espèce d'exercices. On passait ainsi, dans la tente de Cyrus, des entretiens sérieux aux propos enjoués.

Lorsque la troisième libation fut achevée, et qu'on eut imploré l'assistance des Dieux, tout le monde se retira. Le lendemain, le prince fit assembler l'armée et parla en ces termes : « Mes amis, le moment du combat approche; les ennemis s'avancent. Si nous avons l'avantage, la victoire mettra dans nos mains leurs biens et leurs personnes : mais si nous sommes vaincus, car je ne dois pas vous dissimuler que cela peut arriver, le même sort nous attend : tout ce que nous possédons tombera en leur puissance. Mettez-vous bien dans l'esprit, qu'une armée dont tous les soldats sont persuadés qu'on ne peut réussir qu'autant que chacun payera vaillamment de sa personne, ne saurait manquer d'avoir des succès aussi prompts que brillants, parce qu'alors rien de ce qu'il faut faire n'est omis ou négligé, au lieu que tous les malheurs ensemble viendraient fondre sur celle dont chaque soldat s'imaginerait qu'il y a, sans lui, assez d'autres bras pour agir et pour combattre. Tel est l'ordre établi par la Divinite : elle asservit a des maîtres ceux qui ne savent pas se commander a eux-mêmes les travaux dont la gloire est le fruit. Que quelqu'un d'entre vous se leve, continua Cyrus, et dise hardiment lequel des deux moyens il estime le plus propre à exciter le courage, ou d'accorder des distinctions à ceux qui auront essuye plus de fatigues et de dangers, ou de distribuer à tous des récompenses égales, sans égard a la difference du merite. »

Chrysante, l'un des Homotimes, homme d'une taille mediocre, peu vigoureux en apparence, mais sage et prudent, se leva : « Seigneur, dit-il, je ne puis croire qu'en nous proposant de déliberer sur un pareil sujet, votre avis soit qu'il faille traiter de la même manière les bons et les mauvais soldats : sans doute, vous avez voulu éprouver si quelqu'un d'entre nous ne se trahirait pas lui-même, en donnant lieu, par le sien, de soupçonner qu'il prétend, sans avoir fait aucune action remarquable, avoir part aux fruits de la valeur des autres. Pour moi, comme je ne suis ni robuste, ni agile, je sens bien que si l'on me juge par le peu que je puis faire, je ne serai dans l'armée, ni le premier, ni le second, ni le millieme, pas même peut-être le dix millieme : mais en même temps je suis persuade que si ceux de nos camarades, qui sont forts et vigoureux, font bien leur devoir, j'obtiendrai la portion quelconque du butin que j'aurai méritee. Si au contraire les lâches demeurent dans l'inaction, et ceux qui sont braves et robustes agissent mollement, j'ai tout sujet de craindre d'avoir plus de part que je ne voudrais à toute autre chose qu'au butin. »

Après ce discours de Chrysante, Phéraulas se leva : c'était un Perse de la classe du peuple, mais né avec des sentiments fort au-dessus de sa condition, d'une belle figure, et très agréable au Prince, qui l'avait attaché à sa personne. « Cyrus, dit-il, et vous Perses, écoutez-moi. Puisqu'il n'y a plus de distinction entre nous, que la nourriture est la même pour tous, que nous sommes tous admis à la familiarité du Prince, qu'on nous excite tous par les mêmes motifs à bien faire ; il n'est pas douteux que tous aussi nous ne puissions disputer de valeur avec un égal avantage. L'obligation d'obéir à nos chefs nous est d'ailleurs commune à tous; et je vois qu'une prompte obéissance est un grand mérite auprès de Cyrus. A l'égard de la bravoure, on ne peut pas dire qu'elle soit moins faite pour une classe d'hommes, que pour une autre : elle pare également tous ceux en qui elle se trouve. Quant à la manière de combattre qu'on nous a prescrite, elle me paraît naturelle à l'homme : chaque animal a la sienne, pour laquelle il n'a point eu d'autre maître que la nature : le bœuf frappe de la corne, le cheval rue, le chien mord, le sanglier se sert de ses defenses : ils savent, sans avoir fréquenté aucune école, se preserver de tout ce qui pourrait leur nuire. C'est ainsi que dès mon enfance je savais très bien parer un coup dont je me croyais menacé : au défaut d'autres armes, j'opposais mes mains : personne cependant ne m'avait montré ce moyen de me défendre; et j'avais même été quelquefois puni pour l'avoir employe. Si j'apercevais une epée, aussitôt je m'en saisissais : la nature seule m'avait indiqué par où il la fallait prendre; car, loin de me l'enseigner, on me défendait d'y toucher. En cela comme en plusieurs autres choses, un instinct impérieux me forçait souvent d'agir contre les ordres de mon père et de ma mère. Si je croyais n'être point vu, je frappais à grands coups d'épée tout ce qui se rencontrait sous ma main; et cette action non seulement m'était aussi naturelle que de marcher et de courir, mais devenait pour moi un divertissement. Enfin, puisqu'avec nos nouvelles armes il faut pour combattre moins d'art que de courage, je ne vois pas pourquoi nous craindrions de le disputer aux Homotimes. Les mêmes récompenses sont destinees à notre valeur; et nous avons beaucoup moins à perdre qu'eux : ils risquent une vie honorable et commode : nous exposons nous autres une vie laborieuse, obscure, et par conséquent plus onereuse qu'agreable. Par un motif plus puissant encore, je ne redoute point cette concurrence : nous aurons un juge incorruptible et sans passion, Cyrus, à qui, j'en jure par les Dieux, les braves gens sont aussi chers que lui-même et qui sent plus de plaisir a donner ce qu'il possede, qu'a le garder pour en jouir. Je sais que les Homotimes se glorifient beaucoup d'avoir éte élevés a supporter la faim, la soif, le froid : a la bonne heure. Mais ignorent-ils que nous y avons éte formés comme eux et par un maître plus absolu que le leur, la necessité, qui a su, plus efficacement qu'aucun autre, nous apprendre à souffrir les privations? A la verite, ils ont été accoutumés à s'exercer couverts de leurs armes; mais personne n'ignore combien l'art les a rendues légeres : et nous, chers camarades, nous avons été souvent obliges de marcher, même de courir, en portant des charges énormes; de sorte qu'aujourd'hui ces mêmes armes me semblent plutôt des ailes qu'un fardeau. J'entre donc avec confiance, dans la carrière; et tel que je suis, seigneur, je vous promets de ne prétendre d'autre récompense que celle que mes actions auront méritée. Pour vous, ajouta-t-il, qui êtes, ainsi que moi, de l'ordre du peuple, je vous exhorte à soutenir, de toutes vos forces, le défi que nous offrons à ces Homotimes, élevés avec tant de soin : ils ne peuvent se dispenser de l'accepter. » Lorsque Pheraulas eut cessé de parler, plusieurs Perses se levèrent pour témoigner qu'ils se rangeaient à son avis, qui était aussi celui de Chrysante : sur quoi il fut décidé que chacun serait récompensé selon le mérite de ses actions, et que le général en serait le juge. C'est ainsi que les choses furent réglées.

Quelque temps après, Cyrus fut témoin d'une manœuvre singulière, qu'un capitaine faisait exécuter à sa compagnie; et pour marquer qu'il en était satisfait, il invita le capitaine et sa troupe à souper. Voici quelle était la manœuvre. Le capitaine ayant divisé sa compagnie en deux bandes, les avait rangées en bataille, l'une vis-à-vis de l'autre : tous les soldats portaient la cuirasse sur la poitrine et le bouclier au bras gauche ; l'une des bandes était armée de bâtons, l'autre n'avait pour armes offensives que des mottes de terre, qu'elle devait jeter de loin. Au signal donné pour l'attaque, ceux-ci lançaient leurs mottes, qui venaient frapper les cuirasses, les boucliers, les jambes et les cuisses de la bande opposée. Mais lorsqu'on en venait aux mains de plus près, la troupe armée de bâtons prenait sa revanche, et frappant tantôt sur les mains, sur les cuisses ou sur les jambes de leurs adversaires, tantôt sur la tête et sur le dos de ceux qui se baissaient pour ramasser des mottes, elle les mettait en fuite, puis les poursuivait, toujours frappant, avec de grands éclats de rire. Apres ce premier combat, les deux bandes changeaient d''armes : celle qui se trouvait avoir les bâtons traitait l'autre, à son tour, comme elle en avait eté traitée. Cyrus enchanté de l'invention de l'officier et de la docilite des soldats, qu'il avait accoutumés a s'exercer en se divertissant, flatté d'ailleurs de voir que la victoire restait toujours a ceux qui combattaient a la maniere des Perses, les invita tous a souper, comme je viens de le dire. A leur arrivee dans sa tente, il en vit plusieurs qui avaient ou la main, ou la jambe bandee : il leur demanda de quelle arme ils avaient éte blesses. De coups de mottes de terre, repondirent-ils. Est-ce avant ou apres vous être joints, continua Cyrus, que vous les avez reçus? Avant repliquerent-ils, et lorsque nous nous battions de loin : car des que nous nous sommes approches, ce n'etait plus qu'un jeu. Ce n'en était pas un pour nous, s'ecrierent les autres, en montrant leurs blessures, les uns à la main, les autres à la tête ou au visage : ensuite, comme on se l'imagine bien, ils se mirent a rire de leurs infortunes reciproques. Le lendemain, le camp fut couvert de soldats qui faisaient le même exercice ; et depuis ce temps il devint leur amusement favori, quand ils n'avaient pas d'occupations plus sérieuses.

Un autre jour, Cyrus vit encore une manœuvre dont il ne fut pas moins content. Un capitaine qui ramenait sa compagnie des bords du fleuve, pour dîner, la faisait d'abord marcher sur une file, puis commandait à la seconde, à la troisieme, à la quatrième escouade d'avancer ; les quatre chefs se trouvaient ainsi au premier rang. Il ordonnait ensuite aux escouades de doubler les files, de maniere que les dizainiers venaient en premiere ligne; enfin, par un second doublement, les cinquainiers y venaient aussi. Lorsqu'on fut arrive a la porte de la tente, il forma de nouveau ses soldats sur une seule file et les fit entrer un a un, d'abord ceux de la premiere escouade, et de suite ceux de la seconde, de la troisieme, de la quatrieme; puis il leur ordonna de se placer a table, dans le même ordre où ils étaient entres. L'intelligence de ce capitaine, son zele et le soin qu'il avait eu d'instruire ses soldats, plurent tellement au prince qu'il l'invita de même a souper, lui et sa compagnie. Seigneur, dit un autre capitaine, qui etait de ce souper, n'inviterez-vous pas aussi la mienne? Elle ne manque jamais de faire, avant ses repas, un exercice semblable. Nous faisons quelque chose de plus : lorsque mes soldats sortent de table, j'ai attention que le serre-file de la derniere escouade conduise l'escouade entiere, de sorte que les derniers se trouvent a la tete : le serre file de la troisieme escouade precede pareillement la sienne; et il en est de même tant de la seconde que de la premiere. Par cette manœuvre, les soldats apprennent a faire retraite en presence de l'ennemi quand le cas l'exige. Ce n'est pas tout : quand nous sortons pour la promenade, je suis dans l'usage, si nous allons vers le levant, de marcher a la tête de ma compagnie et de faire suivre les escouades chacune selon son rang, de premiere, de seconde, de troisieme, de quatrieme, enjoignant aux dizaines et aux cinquaines de garder entre elles le même ordre : mais si nous tournons vers le couchant, le serre file et les soldats de la queue se trouvent à la tête; et quoiqu'alors je me trouve moi-même à la queue, je n'en suis pas moins exactement obéi : par la, mes gens s'accoutument a savoir également, ou conduire, ou suivre. Faites-vous souvent cette manœuvre, dit Cyrus? Tous les jours, avant le repas, répondit le capitaine. — Je vous invite donc a souper, vous et votre compagnie, puisque dans vos marches, en quelque sens qu'elles se fassent, le jour ou la nuit, vous savez si bien garder vos rangs, et que vous avez l'attention d'entretenir la vigueur du corps par l'exercice, en même temps que vous augmentez celle de l'âme par la discipline. Mais comme vous doublez le travail, il est juste que vous ayez un double repas. Apparemment, repartit le capitaine, ce ne sera pas le même jour, a moins que vous ne nous donniez aussi un double estomac. Apres cette conversation, on se separa. Cyrus invita, comme il l'avait dit, la compagnie entiere a souper, tant pour le lendemain que pour le jour suivant, et cette faveur excita l'emulation de toutes les autres, qui s'empresserent de l'imiter.

Un jour que Cyrus avait fait mettre l'armée sous les armes, pour la passer en revue et la voir manœuvrer, un envoye de Cyaxare vint lui apprendre qu'il etait arrivé des ambassadeurs du roi des Indes, et lui apporta l'ordre de se rendre incessamment aupres de son oncle. Je suis charge, ajouta l'envoyé, de vous remettre de tres beaux vêtements de la part du roi : il désire que vous paraissiez dans la plus grande magnificence aux yeux des Indiens qui ne manqueront pas de faire attention à votre ajustement. Cyrus ordonna sur-le-champ au premier capitaine de se mettre a la tête de sa compagnie et de la ranger sur une seule file, a la droite de l'armée, lui recommandant de faire passer cet ordre au second capitaine, en sorte qu'il parvînt successivement jusqu'au dernier. L'ordre fut donné et exécuté avec une telle diligence qu'en un instant l'armée se trouva disposee sur trois cents de front, suivant le nombre des capitaines, et sur cent de hauteur. Cette disposition faite, Cyrus se mit à la tete, ordonna qu'on le suivît, et partit en doublant le pas. Mais bientôt remarquant que le chemin qui conduisait au palais était trop etroit pour trois cents hommes de front, il commanda aux dix premieres compagnies qui formaient un corps de mille hommes de le suivre dans l'ordre où elles se trouvaient, et au reste de l'armée de les suivre de même, sur dix de front, sans déranger les files. Comme il continuait à marcher ainsi à la tête de l'armée, sans s'arrêter, chaque troupe de mille hommes suivant de pres celle qui la précedait, il envoya deux aides de camp à l'entrée du chemin, pour avertir de ce qu'il fallait faire ceux qui n'en étaient pas instruits. Lorsqu'on fut arrivé auprès du palais du roi, il ordonna au capitaine de la première compagnie de la ranger sur douze de hauteur, de maniere que les dizainiers formassent la premiere ligne, du côté du palais, et lui enjoignit de faire passer cet ordre au second capitaine, afin qu'il se communiquât, de proche en proche, a tous les autres; ce qui fut executé. Cyrus se rendit alors aupres de Cyaxare, avec son habillement perse, sans aucun mélange de luxe etranger. Si le roi fut bien aise de le voir arriver avec tant de diligence, ce ne fut pas sans chagrin qu'il le vit si grossièrement vêtu. A quoi pensez-vous, lui dit-il, de vous montrer en cet état devant les Indiens? Je désirais que vous parussiez dans le plus grand éclat : je comptais me faire honneur de la magnificence de mon neveu. Croyez-vous, seigneur, répondit Cyrus, qu'en vous obéissant lentement et arrivant ici vêtu de pourpre, paré de colliers et de bracelets, je vous eusse fait plus d'honneur qu'en me rendant sans délai à vos ordres et vous amenant une armée aussi bien disciplinée que nombreuse? Ma promptitude à vous obéir, la soumission de mes soldats, la sueur qui coule de mon front vous honorent, ce me semble bien davantage, et font pour moi la plus riche des parures Le roi sentit la justesse de cette réponse et ordonna qu'on introduisît les ambassadeurs.

Lorsqu'ils furent entrés : « Nous venons, dirent-ils, de la part du roi des Indes, pour vous demander quel est le sujet de la guerre entre vous et les Assyriens. Nous sommes chargés d'aller, quand nous aurons reçu votre réponse, faire la même question au roi d'Assyrie; enfin, nous avons ordre de vous déclarer à l'un et à l'autre, que le roi notre maître prendra le parti de celui des deux dont la cause, après un mûr examen, lui aura paru la plus juste. » Voici ce que j'ai à vous dire, répondit Cyaxare · Nous n'avons fait aucun tort au roi d'Assyrie; allez vers lui et sachez quelles sont ses prétentions. Seigneur, dit Cyrus, me sera-t-il permis d'ajouter un mot? Parlez, répliqua Cyaxare. Dites à votre maître, continua Cyrus, si toutefois Cyaxare l'approuve, que nous le prendrons lui-même pour arbitre, dans le cas où le roi d'Assyrie se plaindrait d'avoir reçu de nous quelque offense. Après cette réponse, les ambassadeurs se retirèrent.

Quand ils furent sortis, Cyrus tint ce discours à Cyaxare : En quittant la Perse pour me rendre auprès de vous, je n'emportai pas avec moi beaucoup d'argent; il m'en reste aujourd'hui très peu; la plus grande partie a été dépensée pour mes soldats. Cela vous surprend. N'ai-je pas soin, me direz-vous, de fournir à leur subsistance? J'en conviens; aussi, cet argent a-t-il été uniquement employé en gratifications extraordinaires, pour ceux qui m'ont paru en mériter. Je pense que dans toute espèce d'entreprises, on s'assure plus efficacement du zèle de ceux qui doivent y concourir, en les flattant, ou en leur faisant du bien, qu'en les chagrinant, ou en les traitant durement. C'est, ce me semble, particulièrement à la guerre, qu'on doit user des moyens de douceur et de bienfaisance, si on veut exciter l'ardeur des troupes et s'en faire aimer. Il importe essentiellement à un général de gagner tellement le cœur de ses soldats, qu'ils se portent de bonne volonté à le seconder, qu'ils ne soient point jaloux de ses succès et qu'ils ne l'abandonnent point dans ses malheurs. D'après ces réflexions, je vous avouerai que j'ai besoin de beaucoup d'argent. Cependant, chargé comme vous l'êtes d'une infinité d'autres dépenses, il serait déraisonnable de n'avoir recours qu'à vous, pour m'en procurer. Notre première attention, à vous et moi, doit être de faire en sorte que les fonds ne vous manquent pas : tant que votre trésor sera bien garni, je suis convaincu que vous ne me refuserez pas la liberté d'en tirer les sommes, dont l'emploi devra tourner au bien de votre service. Je me souviens de vous avoir ouï dire, il n'y a pas longtemps, que le roi d'Arménie, sur le bruit de l'invasion prochaine des Assyriens, vous traite avec peu d'égards, et que non content de ne pas vous envoyer de troupes, il refuse de payer le tribut accoutumé. Cela est vrai, dit Cyaxare : aussi, je balance sur le parti que je dois prendre; je ne sais lequel serait le plus avantageux, ou de lui declarer la guerre, pour le contraindre par la force, ou de dissimuler dans ce moment-ci mon ressentiment, pour ne pas donner à mes ennemis un nouvel allié. Les lieux qu'il habite, demanda Cyrus, sont-ils ouverts, ou fortifiés? J'ai bien su empêcher, répondit Cyaxare, qu'il ne les fortifiât; mais le pays est plein de montagnes, dans lesquelles il peut se retirer, et où il serait egalement impossible de le forcer a se rendre et de s'emparer des effets qu'il y aurait transportés; a moins de le tenir longtemps bloque. comme fit autrefois mon pere. Si vous voulez, reprit Cyrus, me donner un corps de cavalerie suffisant, j'espere avec l'aide des Dieux, le reduire non seulement a vous envoyer des troupes, mais a payer le tribut. Peut-être même parviendrai-je a le mettre dans nos interêts plus qu'il n'y est a present. Je crois, en effet, repliqua Cyaxare, que vous reussirez plus aisement que moi. Je ne doute pas que ceux de ses fils qui ont chasse quelquefois avec vous, ne s'empressent de venir vous trouver; il ne s'agit que de s'assurer de quelqu'un d'entre eux, pour nous mettre en état d'amener les choses au point ou nous les desirons. Apparemment, reprit Cyrus, vous pensez qu'il est important que notre dessein soit tenu secret? Certainement, repondit Cyaxare : c'est le moyen de les attirer dans le piege, ou de les surprendre, lorsqu'ils s'y attendront le moins. Daignez donc m'ecouter dit Cyrus; et voyez si je raisonne juste. Il m'est souvent arrivé de mener tous mes Perses à la chasse vers les frontieres qui séparent vos Etats d'avec l'Armenie, et de me faire accompagner de quelques escadrons de votre cavalerie. Vous pouvez faire encore la même chose, reprit Cyaxare, sans vous rendre suspect; mais si vous menez plus de troupes qu'on ne vous en voyait à vos chasses, vous inspirerez de la defiance. J'imagine, repartit Cyrus, un prétexte plausible que nous pouvons employer. Quelqu'un dira que je projette une grande chasse ; et cette nouvelle s'accréditera par l'attention que j'aurai de vous demander publiquement une escorte de cavalerie. A merveille, dit Cyaxare; et pour rendre la chose plus vraisemblable, je feindrai de ne pouvoir vous donner que très peu de cavaliers; j'alléguerai pour raison que je veux visiter mes places frontières du côte de l'Assyrie, comme effectivement j'ai résolu d'y aller, afin de les mettre hors d'insulte. Mais lorsque vous serez arrivé avec vos troupes et que vous aurez chassé pendant deux jours, je tirerai, de la cavalerie et de l'infanterie qui m'accompagneront, de quoi vous envoyer le renfort que vous demandez : dés que vous l'aurez reçu, vous vous mettrez en marche; tandis qu'à la tête du reste j'aurai soin de vous suivre d'assez près, pour me montrer, si je suis nécessaire.

Toutes ces mesures étant prises, Cyaxare ordonna que sa cavalerie et son infanterie se rendissent dans les châteaux dont nous avons parlé, et les fit précéder par des voitures chargées de munitions, qui devaient prendre la même route. De son côté, Cyrus offrit des sacrifices aux Dieux, pour attirer leur protection sur son voyage : en même temps il envoya prier le roi de lui donner quelques-uns de ses plus jeunes cavaliers. La plupart témoignaient un grand désir de le suivre ; mais Cyaxare ne le permit qu'à un tres petit nombre, et marcha lui-même bientôt apres, avec toutes ses troupes, vers la frontiere de l'Assyrie.

Cependant, Cyrus, qui avait reconnu dans les sacrifices d'heureux augures pour son expédition d'Armenie, partit avec sa troupe comme pour une chasse. Il entrait à peine dans le premier champ, que l'armee allait traverser, qu'un lievre se lève tout a coup : un aigle, qui volait sur la droite, l'ayant aperçu, vint fondre dessus pendant qu'il fuyait, le saisit avec ses serres, l'enleva et le porta sur un coteau voisin, où il le dévora. Ce présage causa une joie extrême a Cyrus : il en rendit grâce a Jupiter. Amis, dit-il à ceux qui etaient aupres de lui, pour peu que les Dieux nous favorisent, nous ferons bonne chasse. Arrive pres de la frontiere, il se mit, en effet, à chasser, comme il avait coutume de faire : le gros de l'armée, cavalerie et infanterie, marchait en avant pour faire lever les bêtes, tandis que des gens d'elite se répandaient de differents côtés, afin de les surprendre au passage ou de les poursuivre. On prit ainsi un grand nombre de sangliers, de cerfs, de chevreuils et d'ânes sauvages : cette derniere espece d'animaux est encore aujourd'hui tres commune dans ces contrees. La chasse finie, Cyrus, se trouvant sur les frontieres de l'Armenie, donna ordre qu'on apprêtât le souper. Le lendemain, la chasse recommença : elle fut dirigee vers certaines montagnes dont le prince désirait de s'emparer, et se termina par le souper, comme le jour precédent. Alors, Cyrus, jugeant que les troupes qu'il avait demandées ne devaient pas être loin, leur manda secrètement de souper a peu près à la distance de deux parasanges (1) :

(1) La parasange, pour ces temps anc ens, doit être évaluée à trois milles romains, qui forment à peu près une lieue de vingt-cinq au degré; comme l'a

il espérait par là faire prendre le change à l'ennemi. En même temps il ordonnait au commandant de se rendre auprès de lui dès qu'on aurait soupé. Quand il eut fait lui-même son repas, il assembla ses capitaines et leur dit :

« Chers compagnons, le roi d'Arménie, qui a été jusqu'à present, non-seulement l'allié, mais le tributaire de Cyaxare, voyant que les Assyriens menacent la Médie, témoigne le peu de cas qu'il fait de lui, en refusant de fournir des troupes et de payer le tribut ordinaire : c'est ce roi qui doit être l'objet de notre chasse. Voici, à mon avis, ce que nous avons à faire : vous, Chrysante, après avoir pris un peu de repos, vous partirez avec la moitié des troupes perses, et vous vous emparerez des montagnes, dans lesquelles on dit que ce prince a coutume de se retirer, quand il craint d'être attaqué. J'aurai soin de vous donner des guides, et, comme on assure que ces montagnes sont couvertes de bois, j'espère que vous ne serez point aperçu. Je vous conseille néanmoins d'envoyer en avant quelques soldats des plus alertes, qu'à leur habillement et à leur nombre on puisse prendre pour une bande de voleurs. S'ils rencontrent des Arméniens, ils arrêteront ceux qu'ils pourront joindre, afin d'empêcher qu'ils n'aillent donner quelque avis à leurs compatriotes : ceux qu'il ne leur sera pas possible de prendre, ils les écarteront en les poursuivant, de manière qu'ils ne puissent voir notre armée, et qu'ils croient n'avoir affaire qu'à une troupe de brigands. Voilà, Chrysante, continua Cyrus, la con-

prouve M. d'Anville, dans son excellent ouvrage, intitulé : *Traité des mesures itinéraires anciennes et modernes* p 95 duite que vous devez tenir. Moi, dès la pointe du jour, je traverserai la plaine avec le reste de l'infanterie et toute la cavalerie, et je marcherai vers le palais du roi. S'il fait résistance, il faudra nécessairement en venir aux mains; s'il se retire, nous le poursuivrons; s'il gagne les montagnes, ce sera à vous de faire en sorte qu'aucun de ceux qui tomberont entre vos mains ne puisse échapper. Songez qu'il en est de cette expédition comme d'une vraie chasse : pendant que nous battrons la campagne, vous veillerez aux toiles. Souvenez-vous qu'il faut avoir occupé toutes les issues avant que les animaux soient lancés; qu'il faut surtout que les chasseurs, postés en embuscade, se tiennent bien cachés, pour ne pas faire rebrousser chemin a l'animal qui vient à eux. Gardez-vous de faire ici ce que vous avez fait souvent, par amour de la chasse : il vous est arrivé plus d'une fois de passer les nuits entieres sans vous coucher : permettez, au contraire, que vos soldats se couchent, afin qu'ils puissent dormir. Je vous connais a la chasse une autre habitude, non moins dangereuse, c'est d'errer sans guide dans les montagnes, à la poursuite des animaux, quelque route qu'ils prennent. Ne vous engagez pas de même dans des chemins difficiles : recommandez a vos guides de vous conduire par la route la plus aisée, a moins qu'il n'y en ait une autre beaucoup moins longue : en général, pour une armée, le chemin le plus doux est toujours le plus court. Enfin, n'allez pas, suivant votre usage, traverser les montagnes en courant : modérez votre marche; reglez-la de façon que vos gens puissent vous suivre. Il sera bon quelquefois qu'un certain nombre des plus robustes et des plus dispos fassent halte, pendant que la tête des troupes continue de marcher, afin que, doublant ensuite le pas pour la joindre, ils excitent par leur exemple ceux qui sont derriere à les imiter. » Chrysante, glorieux de la commission dont Cyrus le chargeait. sortit avec ses guides, et, après avoir donné ses ordres aux troupes qui le devaient suivre, il prit un peu de repos. Lorsqu'il jugea que ses soldats avaient assez dormi, il se mit en marche vers les montagnes

Dès que le jour parut, Cyrus envoya un heraut au roi d'Armenie, avec ordre de lui dire : Roi d'Arménie. Cyrus vous mande de vous rendre sans délai auprès de lui avec des troupes et le tribut que vous devez. Si ce prince, ajouta Cyrus, te demande où je suis, réponds franchement que je suis sur la frontiere; si je marche en personne, réponds que tu l'ignores; quel est le nombre de mes soldats, dis-lui qu'il peut te faire accompagner par quelqu'un qui l'en informera. Le heraut partit avec cette instruction. Il avait paru plus convenable à Cyrus d'avertir ainsi le roi d'Arménie, que d'entrer sur ses terres sans l'en avoir prévenu. Cependant, il continuait d'avancer a la tête de ses troupes, qu'il avait disposées dans le meilleur ordre, soit pour la marche, soit pour le combat. Mais il leur defendit expressément de faire sur la route le moindre tort a personne, et leur enjoignit de rassurer les Arméniens qu'ils rencontreraient, en leur disant qu'ils étaient libres d'apporter à l'armée les vivres de toute espèce qu'ils auraient à vendre.

LIVRE TROISIÈME

Le roi d'Arménie sentant qu'il était coupable, pour n'avoir envoyé à Cyaxare ni troupes ni argent, ne put entendre sans effroi ce que le héraut venait de lui dire, de la part de Cyrus. L'idée qu'on allait découvrir qu'il avait commencé à fortifier son palais de manière à pouvoir s'y défendre, ajoutait encore à sa frayeur. Tourmenté par ces différents sujets de crainte, il commanda qu'on rassemblât ses troupes, et fit passer dans les montagnes, sous une bonne escorte, Sabaris, le plus jeune de ses fils, la reine, ses filles et la femme de son fils aîné, avec ses bijoux et ce qu'il avait de plus précieux; en même temps il envoya des coureurs pour observer ce que faisait Cyrus. Tandis qu'en attendant leur retour il faisait prendre les armes à tous ceux de ses sujets qui se trouvèrent auprès de lui, on vint lui annoncer que Cyrus approchait; il ne songea plus qu'à s'éloigner, sans oser se mettre en défense. A son exemple, les Arméniens regagnent en hâte leurs maisons, pour enlever leurs effets. Cyrus voyant la plaine couverte de gens qui se sauvaient précipitamment, leur fit dire qu'il ne serait fait aucun mal à ceux qui demeureraient; et qu'on traiterait en ennemis ceux qui seraient pris en fuyant. Plusieurs restèrent; quelques-uns suivirent le roi. D'un autre côté, ceux que le prince Arménien avait envoyés vers la montagne, avec les femmes, ayant donné dans l'embuscade de Chrysante, poussèrent un grand cri et cherchèrent à s'enfuir; mais la plupart furent faits prisonniers : Sabaris, la reine, les princesses, ainsi que les trésors qu'on portait à leur suite tombèrent au pouvoir de l'ennemi. A la nouvelle de ce malheur, le roi incertain du parti qu'il devait prendre, se réfugia sur une éminence. Cyrus qui avait remarqué ce mouvement, la fit investir aussitôt par les troupes qu'il avait sous la main, et manda à Chrysante de quitter la montagne pour le venir joindre. Pendant que l'armée se rassemblait, il envoya au roi d'Arménie un héraut, chargé de lui faire cette question: Roi d'Arménie, que préferez-vous, de rester où vous êtes, pour y lutter contre la faim et la soif, ou de descendre dans la plaine pour combattre contre nous? Sur la reponse du roi, qu'il ne voulait avoir affaire à aucun de ces ennemis, Cyrus lui fit demander pourquoi il demeurait dans son poste et ne descendait pas. Parce que je ne sais, répliqua-t-il, ce que je dois faire. Vous ne devriez pas être en balance, lui dit le héraut par ordre de Cyrus; puisqu'il ne tient qu'à vous de venir défendre votre cause. Eh, qui sera mon juge? reprit le roi. Quel autre, répondit le héraut, que celui à qui les Dieux ont donné la puissance de décider de votre sort, sans même entendre vos défenses? Contraint par la nécessité, il descendit de sa colline. Cyrus le reçut lui et sa suite au milieu de son armée, que le détachement de Chrysante venait de renforcer, et le fit environner de toutes parts.

Dans ce moment, Tigrane fils aîné du roi d'Arménie, qui avait souvent chassé avec Cyrus, arriva d'un voyage qu'il venait de faire en pays étranger. Dès qu'il eut appris ces tristes nouvelles, il alla sur-le-champ et dans l'equipage de voyageur, trouver le prince Perse. On conçoit que Tigrane ne put voir son père, sa mère, ses sœurs, sa femme, au pouvoir du vainqueur, sans verser des larmes. L'accueil que lui fit Cyrus, n'était pas propre à le consoler. Vous arrivez à propos, lui dit-il, pour assister au jugement de votre père. Alors, il assembla les chefs des Perses et des Mèdes, et fit appeler les seigneurs Arméniens qui avaient suivi leur roi. Il permit aux femmes, qui étaient restées dans leurs chariots, d'être témoins de ce qui allait se passer. Cet arrangement fini, il parla en ces termes : Roi d'Arménie, je vous conseille de ne rien dire que de vrai dans vos défenses, afin de vous épargner au moins le plus odieux de tous les crimes, car vous devez savoir que rien ne rend plus indigne de pardon que l'imposture. Songez que vos enfants, les femmes, les Arméniens que vous voyez ici, sont instruits de votre conduite. En usant de déguisement, devant eux, vous leur donneriez lieu de juger que vous sentez intérieurement qu'il n'y a point de supplice que vous ne méritassiez si la vérité m'était connue. Je vous la dirai, repartit le roi, quoiqu'il m'en puisse arriver : faites-moi telle question que vous voudrez. Répondez donc, reprit Cyrus. Avez-vous autrefois fait la guerre à mon aïeul maternel Astyage et aux Mèdes? Oui, dit le roi. Après avoir été vaincu, continua Cyrus, ne vous soumîtes-vous pas à lui payer un tribut, à servir sous ses drapeaux quand il l'exigerait et à n'avoir aucune place forte? Oui, répondit-il encore. Pourquoi donc, ajouta le Prince, n'avez-vous envoyé ni argent, ni soldats? Pourquoi avez-vous fortifié vos places? Parce que je désirais de m'affranchir, dit le roi : il me paraissait beau de recouvrer ma liberté et de laisser cet héritage à mes enfants. Sans doute, reprit Cyrus, il est beau de défendre sa liberté les armes à la main;

mais je vous demande à vous-même comment vous traiteriez celui qui l'ayant perdue, soit à la guerre, soit de toute autre maniere, tenterait de se dérober à ses maîtres ; s'il retombait en votre pouvoir, le recompenseriez-vous comme d'une action généreuse et louable, ou le puniriez-vous comme d'un crime? Puisque vous exigez que je vous dise la vérité, repliqua le roi, je le punirais. Maintenant, continua Cyrus, repondez sans detour à chacun des points sur lesquels je vais vous interroger. Si quelqu'un de vos sujets, constitue en dignité, manquait aux devoirs de sa charge, la lui conserveriez-vous, ou le feriez-vous remplacer par un autre? — Je mettrais un autre à sa place. — Si cet homme possédait de grandes richesses, lui laisseriez-vous la faculte d'en jouir, ou l'en dépouilleriez-vous? — Je le depouillerais de tout ce qu'il possede. — Enfin, si vous decouvriez qu'il s'est ligue avec vos ennemis, que feriez-vous? — Je le condamnerais à la mort ; je l'avoue : car j'aime mieux perdre la vie, disant la vérite, que convaincu d'un mensonge. A ces mots, son fils arracha sa tiare de dessus sa tete et mit en pieces ses vêtements ; les princesses, poussant des cris de desespoir, se meurtrirent le visage, comme si leur père n'était déja plus, et qu'elles-memes dussent subir le mème sort.

Cyrus ayant ordonne qu'on fît silence, reprit ainsi : Roi d'Arménie, voila donc quels sont vos principes de justice. Eh bien, d'après ces principes, que me conseillez-vous de faire? Le roi hésitant s'il donnerait a Cyrus le conseil de le faire mourir, ou s'il démentirait ce qu'il venait de dire, n'osait répondre. Tigrane, l'aîné de ses fils, prenant la parole, Seigneur, dit-il, puisque mon père balance, me permettez-vous de dire mon avis sur la conduite que vous devez tenir à son égard, pour votre propre intêret? Cyrus se rappelant que Tigrane, dans le temps où ils chassaient ensemble, avait, toujours aupres de lui un certain sophiste dont il faisait grand cas, fut curieux d'entendre raisonner ce prince, et lui permit de dire librement sa pensée.

Si vous approuvez, reprit Tigrane, les projets et les actions de mon pere, je vous conseille de le prendre pour modele : si vous trouvez au contraire qu'il ait erré dans les uns et dans les autres, je vous exhorte à ne le pas imiter. En ne faisant rien que de juste, reprit Cyrus, je ne cours pas risque de tomber dans les mêmes fautes que lui. — Cela est vrai. — Ainsi, de votre propre aveu, votre pere merite d'être puni; puisqu'il est juste de punir celui qui agit contre la justice. — Mais Seigneur, qu'aimeriez vous mieux, en infligeant une punition, ou qu'elle tournât a votre avantage, ou qu'elle nuisît à vos intérêts? — Dans ce dernier cas, je me serais puni moi-même. — Voila neanmoins ce qui arrivera, si vous ôtez la vie a des gens qui sont à vous, dans le temps où il vous importerait le plus de les conserver. —Peut-on esperer d'être bien servi par des gens qui se sont rendus coupables d'infidelité? — Oui, Seigneur. s'ils deviennent plus sages; car j'estime que sans la sagesse les autres vertus ne sont d'aucune utilite. A quoi par exemple, peut être bon un homme robuste, ou vaillant, ou habile a manier un cheval, si la sagesse lui manque? J'en dis autant de l'homme riche et de celui qui exerce l'autorite dans une ville. Mais avec cette vertu, tout ami est utile, tout domestique est un bon serviteur. — Je vous entends ; vous voulez dire que dans un même jour votre pero d'insensé qu'il était, est devenu sage. — Justement. — Vous croyez donc que la sagesse est, ainsi que la tristesse, une affection de l'âme, non une qualité qui s'acquiert par la réflexion ? Cependant, si pour devenir sage, il faut commencer par être sensé, il n'est pas possible qu'un homme qui manque de sens se trouve tout à coup un homme sage. — Eh quoi, Seigneur, n'auriez-vous jamais remarqué qu'un homme qui a eu la folie de se battre avec un autre plus fort que lui, s'en trouvé guéri par sa défaite ? N'avez-vous jamais vu que de deux villes qui étaient en guerre, celle qui avait eu du désavantage prenait le parti de se soumettre à l'autre ? — Fort bien, repartit Cyrus : mais quel est le malheur qui peut avoir guéri, comme vous le supposez, l'esprit de votre père ? — N'est-ce pas pour lui un malheur assez cruel, de se voir plus esclave que jamais, pour avoir tenté de recouvrer sa liberté ? N'en est-ce pas un, que de sentir qu'on a échoué dans toutes ses entreprises, soit qu'on les ait tenues secrètes et qu'on ait cherché à prévenir l'ennemi, ou qu'on ait voulu agir à force ouverte ? Il ne peut se dissimuler que vous l'avez fait tomber dans vos pièges, comme vous l'avez voulu, et aussi facilement qu'auraient pu y donner un aveugle, un sourd, un insensé ; que vous avez si bien su lui dérober vos projets, qu'il s'est trouvé enfermé, sans avoir eu le moindre soupçon, dans les lieux qu'il regardait comme l'asile le plus sûr ; qu'enfin votre diligence l'a tellement emporté sur la sienne, que vous êtes arrivé d'un pays éloigné, avec une armée nombreuse, avant qu'il ait pu rassembler ses troupes qui étaient près de lui. — Croyez-vous, reprit Cyrus, qu'il suffise, pour être rappelé à la raison, de se voir forcé de reconnaître la supériorité d'un ennemi? Ce sentiment, répondit Tigrane, est à mon avis, plus efficace qu'une défaite. Un homme qui a été battu par un champion plus fort que lui, se flatte quelquefois qu'en fortifiant son corps par l'exercice, il recommencera le combat avec moins d'inégalité : une ville vaincue peut espérer qu'avec le secours de ses alliés, elle réparera ses pertes; au lieu qu'un homme qui connaît la supériorité d'un autre, est naturellement disposé à se soumettre à lui, sans y être contraint. Il s'ensuivrait de ce que vous dites, repartit Cyrus, que les hommes violents ou injustes, que les voleurs et les fourbes ne sont tels que parce qu'ils ne connaissent point d'autres hommes, modérés, équitables, ennemis du vol et de la fraude. Mais ignorez-vous que votre père, qui savait avec quelle exactitude nous avons toujours rempli les conditions des traités faits avec Astyage, n'en a cependant observé aucune, et nous a constamment trompés? Je ne prétends pas, répliqua Tigrane, qu'il suffise à un homme, pour devenir sage, de connaître des gens qui valent mieux que lui ; à moins qu'il ne lui soit arrivé, comme à mon père, d'éprouver les effets de leur supériorité. — Jusqu'ici votre père n'a rien éprouvé de pareil : je conçois à la vérité, qu'il peut craindre le traitement le plus rigoureux. — Pensez-vous, seigneur, que rien soit plus capable d'abattre l'âme, qu'une crainte violente? Le fer, cet instrument des plus cruelles punitions, n'ôte point à ceux qui en ont été blessés, le désir et l'espérance de se venger; au lieu que la crainte met hors d'état de lever les yeux jusqu'à celui qui l'inspire, lors même qu'il cherche à rassurer par des traits de bonté. — Vous croyez donc que la crainte d'être puni est un tourment plus rude que le supplice? — C'est une vérité que vous ne contesterez pas. Vous imaginez, sans peine, dans quel excès d'accablement tombe un homme qui craint d'être exilé de sa patrie, qui à l'instant du combat craint d'être vaincu, qui en s'embarquant craint de faire naufrage : il en est de même de ceux qui craignent d'être réduits en esclavage et condamnés à languir dans les fers. L'effroi de ces malheureux a été quelquefois porté si loin, qu'ils ne pouvaient ni manger, ni dormir : mais leur sort étant une fois fixé, ceux-ci exilés de leur patrie, ceux-là défaits dans une bataille, les autres devenus esclaves, on les voit tous manger avec plus d'appétit, et dormir plus tranquillement que les hommes les plus heureux. Pour vous faire encore mieux sentir ce que c'est que le tourment de la crainte, j'ajouterai qu'on a vu souvent des hommes qui craignaient de perdre la vie s'ils étaient faits prisonniers, se donner eux-mêmes la mort, les uns en se précipitant, les autres en s'étranglant, ou s'égorgeant de leurs propres mains : tant il est vrai que la crainte est la plus terrible des passions qui puissent agiter l'âme. Dans quelle situation, jugez-vous, seigneur, que puisse être celle de mon père, en ce moment où il craint la servitude pour lui, pour la reine, pour moi, pour tous ses enfants? Je conçois, répondit Cyrus, que son âme ne doit pas être tranquille : mais je connais assez les hommes pour savoir qu'insolents dans la prosperité, ils se laissent aisément abattre par les revers; et s'ils parviennent à se relever de leur chute, ils reprennent leur ancienne arrogance et leurs premières manœuvres. Nos fautes, repartit Tigrane, vous mettent en droit de compter peu sur nous. Mais, Seigneur, vous êtes le maître de construire des forteresses, de mettre des garnisons dans nos places fortes, en un mot, de faire tout ce qui vous plaira pour vous assurer de notre fidélité : vous ne nous entendrez jamais nous plaindre d'un traitement que nous nous sommes attirés. Si vous donnez le royaume d'Arménie a quelqu'un de ceux qui ne vous ont point manqué, et que vous le lui donniez avec des précautions qui marquent de la défiance de votre part, vous devez craindre que pour prix d'un pareil bienfait, il ne cesse de vous regarder comme ami. D'un autre côté, si pour ne pas l'indisposer, vous négligez de lui imposer un frein capable de le retenir dans le devoir, vous aurez également sujet de craindre qu'il n'ait bientôt plus besoin que nous d'être ramené a la raison.

Quoi que vous puissiez dire, repliqua Cyrus, je sens que j'aurais de la répugnance à employer des gens dont je saurais ne devoir les services qu'a la contrainte ; il me semble que je supporterais plus facilment les fautes d'un homme qui exécuterait mes ordres par un pur motif de zèle et d'attachement, que je ne m'accommoderais de l obéissance forcée, fût-elle la plus exacte, de celui qui me haïrait. De qui, seigneur, reprit Tigrane, pouvez-vous espérer d'être désormais autant chéri que de nous? De ceux, repondit Cyrus, qui n'ont jamais été mes ennemis : surtout, si je fais pour eux ce que vous me pressez de faire pour vous. Pour qui, repartit Tigrane, pourriez-vous faire autant que pour mon père? Croyez-vous qu'un homme qui ne vous aura point offensé, vous sache beaucoup de gré de ne lui pas ôter la vie! Croyez-vous qu'il vous soit plus fidèle, parce que vous ne lui aurez enlevé ni sa femme ni ses enfants, que celui qui reconnaît avoir merité qu'on les arrachât d'entre ses bras? Est-il quelqu'un qui doive être plus affligé que nous de ne pas avoir le royaume d'Arménie? Or, il est évident que celui qui ressentirait le plus de chagrin de s'en voir privé, sera le plus reconnaissant, s'il l'obtient. Si vous avez à cœur que l'Arménie soit tranquille, quand vous en partirez, comptez-vous parvenir plus sûrement à ce but, en établissant un nouveau gouvernement, qu'en laissant subsister l'ancien? Si vous en voulez tirer un corps d'armée, qui sera plus en état de choisir les soldats que celui qui en a souvent fait des levées? Si vous avez besoin d'argent, qui pourra mieux vous en procurer, que celui qui connaît les ressources de l'Etat et qui dispose des finances? Enfin, seigneur, ajouta-t-il, craignez de vous faire plus de tort à vous-même, en nous perdant, que mon père n'eût jamais pu vous en faire. Ainsi parla Tigrane.

Cyrus l'avait écouté avec le plus grand plaisir; parce que se souvenant d'avoir dit à son oncle qu'il espérait amener le roi d'Arménie au point de lui être plus fidèle qu'il ne l'avait été, il voyait que sa promesse était remplie. Adressant alors la parole au roi: Prince, lui dit-il, si je cède à vos instances, combien me donnerez-vous de troupes, et quel secours d'argent me fournirez-vous, pour la guerre d'Assyrie? Je ne puis, dit le roi, répondre avec plus de simplicité et de vérité à vos deux questions, qu'en vous faisant connaître les forces de ce royaume, afin que vous décidiez du nombre d'hommes que vous voulez emmener, et de celui que vous voulez nous laisser pour la garde de nos terres; et en vous ouvrant mon trésor, où vous serez le maître de prendre tout ce que vous jugerez à propos. Dites-moi présentement reprit Cyrus, combien vous avez de soldats, et en quoi consistent vos richesses?

L'Arménie, répondit le roi, peut fournir environ huit mille cavaliers et quarante mille fantassins. Mes richesses, évaluees en argent, en y comprenant celles que j'ai heritees de mon pere, montent à plus de trois cent mille talents (1). Quant a vos troupes, repartit Cyrus, comme vous êtes en guerre avec les Chaldeens vos voisins, je n'en demande que la moitié ; à l'egard de vos richesses, au lieu de cinquante talents que vous aviez coutume de payer a Cyaxare, a titre de tribut, vous en donnerez cent, pour avoir manqué a ce que vous lui deviez; et vous m'en prêterez cent autres, que je m'engage à vous rendre en especes, si je le puis, ou dont je vous promets de vous dédommager avec usure, pour peu que les Dieux me soient favorables. S'il arrive que je ne m'acquitte point envers vous, je proteste qu'il faudra s'en prendre à mon impuissance, non m'accuser de mauvaise foi. Au nom des Dieux, Seigneur, repliqua le roi, ne me parlez pas de la sorte, si vous voulez ranimer ma confiance. Je vous conjure d'être persuadé que les richesses qui me resteront ne sont pas moins à vous, que celles que vous emporterez. Soit, dit Cyrus : mais que me donnerez-vous pour la rançon de la reine votre épouse? Tout ce que je possède, répondit le roi. — Pour vos enfants? — Tout ce que je possède, répondit-il encore. — C'est une fois plus que vous n'avez, dit Cyrus. Et vous, continua-t-il, s'adressant à Tigrane, qui était nouvellement marié, et qui aimait passionnément sa femme, que donneriez-vous pour la liberté de votre femme?

(1) Le talent attique, dont il s'agit vraisemblablement ici, valait à peu près 4,700 livres de notre monnaie actuelle. Voyez les *Mém. de l'Acad. des Belles-Lettres*, t. XXV, p. 281, de l'histoire.

Seigneur, répondit Tigrane, je donnerais jusqu'à ma vie, pour la garantir de la servitude. Reprenez-la, dit Cyrus ; elle est à vous : je ne la regarde point comme captive, puisque vous n'avez jamais abandonné notre parti. Vous, roi d'Arménie, je vous rends aussi votre femme et vos enfants, sans rançon, afin qu'ils ne croient pas avoir cessé d'être libres. Venez souper avec nous ; vous irez ensuite où il vous plaira. Ils restèrent.

Le souper étant fini, Cyrus, avant qu'on se séparât, dit a Tigrane : Qu'est devenu cet homme qui chassait souvent avec nous, et dont vous paraissiez faire tant de cas ? Mon pere l'a fait mourir, répondit Tigrane. Pour quel crime ? reprit Cyrus. Sous prétexte, dit Tigrane, qu'il me corrompait. Cependant ce pretendu corrupteur avait l'âme si honnête et si noble, qu'un moment avant d'expirer il me fit appeler, et me dit : Mon cher Tigrane, gardez-vous de témoigner à votre pere aucun ressentiment de ma mort ; c'est par ignorance, non par méchanceté, qu'il m'ôte la vie. Les fautes commises par ignorance sont involontaires, et ne doivent point être imputées à celui qui a le malheur d'y tomber. Quel homme, s'ecria Cyrus ! Seigneur, répliqua le roi, quand un mari tue celui qu'il surprend dans un commerce criminel avec sa femme, c'est moins pour venger l'outrage qu'il en reçoit, que pour punir un ennemi qui est venu lui ravir un cœur que lui seul avait droit de posséder. J'avais conçu de la jalousie contre l'homme dont vous parlez, parce qu'il me paraissait avoir tellement tourné l'esprit de mon fils, qu'il en était plus aimé que moi. Votre faute, dit Cyrus, est un effet de la faiblesse humaine : oubliez-la, Tigrane ; faites ce sacrifice a votre pere.

Apres s'être ainsi entretenus et s'être

donné des témoignages mutuels de réconciliation, ils s'embrassèrent : les princes et les princesses d'Arménie montèrent dans leurs chariots et s'en retournèrent combles de joie. Arrivés au palais, l'un vantait la sagesse de Cyrus, l'autre sa bravoure, celui-là son affabilité, quelques-uns sa taille et sa beauté : sur quoi, Tigrane dit à sa femme : Et vous, chère épouse, comment avez-vous trouvé Cyrus; ne vous a-t-il pas aussi paru très beau? Je ne l'ai pas regardé, répondit la princesse. — Qui donc regardiez-vous? — Celui qui a dit qu'il donnerait sa vie pour me préserver de la servitude. Ce jour étant ainsi heureusement terminé, chacun se livra au sommeil.

Le lendemain, le roi envoya des présents, tant pour Cyrus que pour ses troupes, et ordonna aux Arméniens qui devaient servir dans l'armée perse de s'y rendre dans trois jours. En même temps, il fit apporter le double de l'argent qu'il était obligé de fournir : mais Cyrus, après avoir pris la somme qu'il avait fixée, lui rendit le surplus. Lequel, dit-il au roi, de vous ou de votre fils commandera les troupes arméniennes? Celui que vous voudrez, répondit le roi. Pour moi, seigneur, ajouta Tigrane, je ne vous quitterai point, quand je devrais ne vous suivre que pour porter le bagage. Combien donneriez-vous, repartit Cyrus en riant, pour que votre femme pût apprendre que vous remplissez cette noble fonction? Il ne sera pas nécessaire de le lui apprendre, répliqua Tigrane ; car elle m'accompagnera et pourra voir tout ce que je ferai. Hâtez-vous donc de faire vos préparatifs, reprit Cyrus. Comptez, repartit Tigrane, que nous serons prêts au terme prescrit, et munis de tout ce que mon père doit nous donner. Les soldats, après avoir reçu les dons qui leur étaient destinés, allèrent prendre du repos.

Le jour suivant, Cyrus, escorté de Tigrane, d'une troupe des meilleurs cavaliers Mèdes, et d'un certain nombre de ses amis, sortit du camp à cheval pour aller reconnaître le pays et chercher un lieu propre à construire une forteresse. Lorsqu'il eut atteint le sommet d'une éminence voisine, il pria Tigrane de lui montrer les montagnes d'où les Chaldéens descendaient pour venir piller l'Arménie. Tigrane les lui ayant montrées, Cyrus lui demanda si elles étaient pour lors abandonnees. Non certes, répondit le prince arménien : les Chaldeens y tiennent sans cesse des sentinelles qui leur donnent avis de tout ce qu'ils aperçoivent. Que font-ils, continua Cyrus, quand ils ont été ainsi avertis? Ils accourent sur les montagnes, dit Tigrane, pour en défendre l'accès de toutes leurs forces. Après cette réponse, Cyrus parcourant des yeux la campagne remarqua que la plus grande partie du pays était, par les suites de la guerre, inculte et déserte : il retourna au camp avec son escorte, et chacun, après le souper, se retira pour dormir. Le lendemain, arriva Tigrane avec son bagage, suivi de quatre mille cavaliers, dix mille archers et autant de soldats armés à la légere.

Pendant que les troupes arméniennes s'assemblaient, Cyrus offrait des sacrifices : quand il eut reconnu que les augures étaient favorables, il convoqua les chefs des Perses et des Medes, et leur tint ce discours : « Mes amis, ces montagnes que nous voyons appartiennent aux Chaldéens : si nous pouvons nous en rendre maîtres et construire un fort sur le sommet, nous tiendrons à la fois en respect et la Chaldée et l'Arménie. Les auspices sont pour nous, et le succès est certain, pourvu qu'à l'ardeur qui nous anime nous joignions la célérité. Si nous atteignons le haut de la montagne avant que les Chaldéens se soient rassemblés, nous nous y etablirons sans coup férir, ou du moins nous n'aurons affaire qu'à une poignée de faibles ennemis. Il n'y a point d'entreprise plus facile et moins périlleuse si nous mettons de la diligence dans l'exécution. Courez aux armes : que les Mèdes avancent par la gauche ; qu'une moitié des Armeniens prenne la droite ; que l'autre moitie fasse l'avant-garde. La cavalerie restera sur les derrières pour hâter la marche de l'infanterie et faire avancer les traîneurs ».

A peine eut-il cessé de parler qu'il forma ses troupes en colonnes et se mit en marche à leur tête. Quand les Chaldéens virent que l'armée perse marchait rapidement vers la montagne, ils donnèrent aux leurs le signal convenu et se rassemblerent en s'appelant les uns les autres à grands cris. Entendez-vous, dit Cyrus aux Perses; nos ennemis nous avertissent de nous hâter? Si nous gagnons les premiers le sommet de la montagne, tous leurs efforts deviendront inutiles. Les Chaldéens, qu'il est bon de faire connaître en peu de mots, passent pour le peuple le plus belliqueux de ces contrées : leur armure consiste en un bouclier et deux dards. Comme ils aiment naturellement la guerre et qu'ils sont pauvres (car le pays montueux qu'ils habitent est presque généralement stérile), ils se mettent volontiers à la solde de quiconque a besoin de leurs services.

Lorsque les troupes de Cyrus furent sur le point d'atteindre la cime de la montagne, Tigrane, qui marchait a ses côtés, lui dit : Savez-vous, Seigneur, qu'il nous faudra incessamment en venir aux mains; car les Arméniens ne soutiendront point le premier choc des Chaldeens? Je le sais, répondit Cyrus; et se tournant vers les Perses: Tenez-vous prêts, leur dit-il, à repousser l'ennemi, dès que les Arméniens, en fuyant, l'auront attiré près de nous. Les Chaldéens voyant approcher les Arméniens, qui, comme je l'ai dit, faisaient l'avant-garde, fondent sur eux, en poussant de grands cris, selon leur usage; ceux-ci, à leur ordinaire, tournent le dos: Les Chaldéens les poursuivent; mais bientôt rencontrant le reste des troupes qui montait vers eux, l'épée à la main, quelques-uns qui s'étaient trop avancés sont tués ou faits prisonniers, les autres s'enfuient avec précipitation, et les Perses demeurent maîtres des hauteurs. De là jetant les yeux sur les habitations des Chaldèens, ils remarquèrent que ceux qui demeuraient dans le voisinage de la montagne, abandonnaient leurs maisons. Alors Cyrus, toutes ses troupes étant réunies, leur ordonna de prendre leur repas. Le dîner fini, il examina le lieu où les Chaldéens avaient placé leur corps de garde; ayant trouvé qu'il était bien fortifié et qu'il y avait de l'eau en abondance, il résolut d'y bâtir une forteresse. Tigrane eut ordre de mander à son pere de se rendre promptement à l'armée, avec tout ce qu'il pourrait ramasser de charpentiers et de maçons. Le courrier partit; et Cyrus, sans attendre le roi, commença l'ouvrage, avec ce qu'il avait de travailleurs.

On lui amena sur ces entrefaites, plusieurs prisonniers, les uns enchaînés, les autres blessés. Il fit ôter les chaînes aux premiers et mit les blessés entre les mains des médecins, qu'il chargea d'en avoir soin. « Je ne suis point venu, dit-il aux Chaldéens, pour détruire votre nation. Ce n'est point l'amour de la guerre qui m'a fait prendre les armes ; mon unique objet a eté d'etablir une paix solide entre les Armeniens et vous. Avant que je me fusse empare de ces montagnes, vous n'aviez, je le sais, nulle raison de desirer la paix; vos possessions etaient en sûrete; et vous pouviez piller impunement celles des Armeniens. Voyez a quel point votre situation est changee. Prisonniers, je vous rends votre liberte; allez rejoindre vos compatriotes, deliberez avec eux, et voyez lequel vous aimez le mieux, ou de nous faire la guerre, ou d'être nos amis. Si vous optez pour la guerre, vous ferez sagement de ne plus venir ici que bien armes; si vous preferez la paix, venez sans armes; nous vous regarderons comme nos amis, et je ferai en sorte que vous ne vous trouviez pas mal de notre amitié. » Les Chaldeens, touches de la generosité de Cyrus, lui donnerent de grands eloges, lui baiserent mille fois les mains et reprirent le chemin de leurs habitations.

Quand le roi d'Armenie eut reçu la nouvelle de la victoiré et l'ordre de se rendre aupres de Cyrus, il partit en diligence avec un grand nombre d'ouvriers et tous les outils nécessaires. Seigneur, dit-il, en abordant le Prince, j'admire comme il arrive que les hommes, avec si peu de connaissance de l'avenir, osent former tant de projets. Je faisais des efforts pour recouvrer ma liberté ; et voilà que je tombe dans une servitude encore plus dure. J'etais prisonnier; je croyais tout perdu sans ressource; et ma condition devient meilleure qu'elle n'etait auparavant. Les Chaldéens nous desolaient par leurs brigandages; et ils sont réduits a l'etat où j'ai toujours désiré de les voir. Je vous dirai, Seigneur, avec sincérité, que j'aurais donne beaucoup plus que vous n'avez exigé de moi, pour obtenir qu'ils fussent chassés de ces montagnes. Par ce seul bienfait, vous avez rempli avec usure les promesses que vous nous fîtes au moment où vous reçûtes l'argent que nous vous apportions ; et nous vous avons de nouvelles obligations, qui doivent redoubler notre reconnaissance, si nous ne sommes pas les plus ingrats des hommes. Mais ce sentiment, quelque vif qu'il soit, ne nous acquittera jamais envers un tel bienfaiteur. Ainsi parla le roi d'Arménie.

Bientôt les Chaldéens vinrent supplier Cyrus de leur accorder la paix. Quelle raison, leur dit-il, avez-vous de la désirer ; n'est-ce pas l'espérance d'y trouver, à présent que nous sommes maîtres des montagnes, plus de sûreté que dans la guerre? Oui, repondirent les Chaldéens. Et si la paix, continua Cyrus, vous procurait encore d'autres avantages? Nous en jouirions, répliquerent-ils, avec d'autant plus de plaisir. N'est-ce pas, ajouta le Prince, la stérilite de votre pays qui cause votre pauvreté? — Oui, seigneur. — Eh bien, si le roi d'Arménie vous permettait de cultiver dans ses Etats autant de terrain que vous le voudriez, à la charge de lui payer les mêmes redevances que ses sujets, n'y consentiriez-vous pas? — Assurément, pourvu que nous fussions certains qu'on ne nous fera point d'injustice. Et vous, roi d'Arménie, dit Cyrus, trouveriez-vous bon qu'ils cultivassent les terres qui sont actuellement incultes chez vous, en payant les impôts usités dans votre pays? Je donnerais même beaucoup, pour les y engager, répondit le roi : mes revenus en augmenteraient considérablement. Vous, dit Cyrus aux Chaldéens, vous avez des montagnes propres aux pâturages : consentiriez-vous que les Arméniens y menassent leurs troupeaux, si ceux à qui les troupeaux appartiennent, se soumettaient de leur côté à payer un droit raisonnable? De tout notre cœur, répondit-ils; c'est nous offrir du profit sans peine. Et vous, roi d'Arménie, dit Cyrus, voudriez vous acheter par un léger dédommagement la jouissance de leurs pâturages, qui vous rendraient plus que vous ne donneriez? Oui certainement, répondit le roi, si je croyais pouvoir en jouir avec sûreté. Vous resterait-il quelque défiance, reprit Cyrus, si vous étiez protégé par la garnison qu'on établira sur la montagne? Non, dit le roi. Mais, repartirent les Chaldéens, si les Arméniens sont maîtres des hauteurs, loin de pouvoir cultiver sûrement les champs qu'ils nous céderont, nous ne pourrons pas même cultiver tranquillement les nôtres. Si la garnison vous protégeait, répliqua Cyrus? Dans ce cas là, dirent-ils, nos affaires iraient bien. Les nôtres iraient mal, reprit le roi, si on vous remettait en possession des montagnes, surtout après qu'on y aura construit une forteresse. Pour lever toute difficulté, ajouta Cyrus, voici ce que je me propose. Je n'en confierai la garde ni aux Arméniens, ni aux Chaldéens; je m'en charge, et si l'un des deux peuples fait quelque tort à l'autre, je prendrai le parti de l'offensé. Cette proposition fut généralement applaudie, comme le seul moyen de rendre la paix durable. Les deux nations se jurèrent une foi mutuelle, aux conditions qu'elles seraient indépendantes l'une de l'autre, qu'elles s'allieraient par des mariages, qu'elles jouiraient en commun des terres labourables et des pâturages; enfin, que si l'une était attaquée, l'autre fournirait des troupes pour la défendre. Ainsi fut conclu ce traité, qui est encore observé aujourd'hui par les Chaldéens et le roi d'Arménie. Tout étant réglé, les deux peuples travaillèrent de concert à la construction de la forteresse : ils la regardaient comme un lieu de sûreté, qui devait leur être commun ; et ils se réunirent pour transporter les materiaux.

Sur le soir, Cyrus afin de cimenter leur amitié naissante, les invita tous à souper dans sa tente. Pendant le repas, un des Chaldéens prenant la parole : L'alliance que nous venons de faire, dit-il, sera fort agreable a la plus grande partie de notre nation ; mais elle ne plaira pas egalement à quelques-uns de nos compatriotes, que l'habitude de vivre de pillage et du metier de la guerre, rend incapables de toute espèce de travail. Ils n'ont d'autre occupation que de piller et de vendre leurs services ; ils ont été souvent a la solde du roi des Indes, qui les a, sans doute, bien payés, car ils parlent beaucoup de sa richesse, et souvent aussi à la solde d'Astyage. Que ne se mettent-ils de même a la mienne, dit Cyrus ; ils n'auront eu nulle part une paye plus forte ? Tous s'accorderent a l'assurer qu'il s'en trouverait plusieurs fort empressés d'entrer a son service.

Cyrus, en apprenant que les Chaldéens avaient des relations avec le roi de l'Inde, et se rappelant que ce prince avait envoyé des ambassadeurs en Médie, d'où ils devoient passer en Assyrie, pour examiner l'état des affaires de ces deux royaumes, résolut d'instruire lui-même le monarque Indien de ce qu'il venait de faire. Roi d'Arménie, dit-il, et vous Chaldeens, repondez-moi, je vous prie. Si j'envoyais un ambassadeur au roi de l'Inde, voudriez-vous lui associer quelques-uns de vos sujets, qui pussent non seulement lui servir de guides, mais agir de concert avec lui, pour remplir la commission dont je le chargerai auprès de ce prince? Je vous avoue que je desire ardemment d'etre plus riche que je ne le suis, afin de pouvoir donner une bonne paye aux soldats qui sont dans le besoin, et recompenser honorablement ceux qui se distinguent. Dans cette vue, je cherche les moyens d'augmenter mes fonds : mais quoique j'en sente la nécessité, vous n avez rien à craindre pour les vôtres ; je vous regarde comme mes amis ; ils seront ménages. C'est du monarque Indien que j'aurais du plaisir a tirer des secours, s'il consentait a m'en fournir. L'ambassadeur à qui je vous propose de joindre de vos gens pour le guider dans sa route, et le seconder dans sa négociation, dira de ma part a ce prince, en l'abordant : Roi des Indes, Cyrus me depèche vers vous, pour vous informer que l'argent lui manque : il attend un nouveau renfort de troupes qui lui arrivent de Perse (je j'attends en effet) ; et il n'aura pas de quoi les stipendier. Il vous mande que si vous l'aidez selon votre pouvoir, et que les Dieux favorisent ses entreprises, il se conduira de maniere a votre egard que vous croirez vous-meme avoir travaille pour vos propres intérêts en l'obligeant. Voilà ce que dira mon ambassadeur ; donnez vos instructions aux vôtres. Si le prince Indien nous accorde ce qu'on lui demandera, nous en serons plus à notre aise : s'il nous refuse, comme en ce cas nous ne lui devrons rien, nous aurons une pleine liberté d'en user avec lui de la façon qui nous conviendra davantage. Cyrus tenait ce discours, dans l'esperance que les ambassadeurs Arméniens et Chaldéens parleraient de lui chez les Indiens, comme il souhaitait qu'on en parlât dans tout l'univers. Le souper fini, on sortit de la tente, et chacun alla se reposer.

Le lendemain, Cyrus fit partir son ambassadeur, avec les instructions qu'on vient d'entendre. Le roi d'Armenie et les Chaldéens députerent ceux de leur nation qu'ils crurent les plus propres à le seconder et a donner de Cyrus l'idée qu'on en devait avoir. Bientôt après, la forteresse se trouva construite et garnie des munitions nécessaires. Cyrus y établit une garnison ; en donna le commandement à celui des Mèdes dont il présumait que le choix serait le plus agréable à Cyaxare ; puis il descendit des montagnes, suivi des troupes qu'il avait amenées de Médie, de celles du roi d'Arménie, et d'un corps d'environ quatre mille soldats, qui s'estimaient les meilleurs soldats de l'armee. Quand il eut gagné les lieux habités, il n'y eut personne dans l'Arménie qui ne sortît de de sa maison : hommes et femmes, tous accoururent au devant de lui, enivrés de la joie qui leur causait la paix, et apportant ce qu'ils avaient de plus précieux, pour le lui offrir. Le roi ne fut point blessé de cet empressement général à rendre hommage à Cyrus, qu'il jugeait en devoir être flatté. La reine elle-même accourut avec ses filles et le plus jeune de ses fils : elle apportait divers présents, auxquels était joint l'or que Cyrus avait déja refusé. Ce Prince s'en étant aperçu : Non, lui dit-il, vous n'obtiendrez pas de moi que je reçoive le prix de mes bienfaits ; retournez dans votre palais ; emportez vos trésors et ne souffrez pas que votre mari les enfouisse ; on ne doit enterrer que les morts. Employez une partie de ces richesses à faire un magnifique équipage de guerre pour votre fils : jouissez du reste avec votre époux, vos filles et vos autres fils ; qu'il serve a vous procurer plus d'agrément et de commodités durant le cours de votre vie.

Il dit et reprit sa route, accompagné du roi et suivi de tous les Arméniens, qui le conduisirent jusqu'à la frontière, en le nommant sans cesse, dans leurs acclamations, le Prince bienfaisant et le meilleur des hommes. Le roi qui n'avait plus d'ennemis à craindre, ajouta de nouvelles troupes à celles qu'il avait déja données ; et Cyrus sortit très riche de l'Armenie, moins encore pour en avoir tiré des sommes considérables, que parce qu'il y laissait des trésors dont sa bienfaisance lui avait acquis le droit de disposer, quand il en aurait besoin.

L'armée campa ce jour-là sur la frontiere ; le lendemain elle eut ordre de partir pour aller joindre Cyaxare, qui, suivant sa promesse, s'était approche. Cyrus lui envoyait en même temps l'or qu'il rapportait de l'Armenie. Il ne retint aupres de lui que Tigrane et quelques seigneurs Perses, pour prendre avec eux le divertissement de la chasse, partout où ils trouvaient des bêtes fauves. Lorsqu'il fut arrivé en Médie, il fit délivrer à chaque capitaine une somme suffisante pour fournir aux besoins de sa compagnie, et pour accorder des distinctions honorables aux soldats qui les avaient méritées ; persuadé que si chaque officier mettait sa troupe sur un bon pied, l'armée entiere se trouverait dans le meilleur état. Il était lui-même attentif à se pourvoir de toutes les choses qui pouvaient la faire paraître avec avantage, et les distribuait à ceux qu'il en estimait les plus dignes : Des troupes bien entretenues sont, disait-il, l'ornement du général. Pendant les distributions dont on vient de parler, Cyrus adressa ce discours aux capitaines, aux chefs d'escouade et aux principaux officiers, qui s'étaient rassembles autour de lui : « Mes amis, nous avons de justes sujets de nous livrer à la joie : nous sommes dans l'abondance ; et nous pourrons désormais accorder des récompenses proportionnées au merite de chacun. Mais gardons-nous d'oublier par quels moyens nous avons acquis tant de biens. Avec un peu de réflexion, vous sentirez que nous en sommes redevables a nos veilles, à nos travaux, à notre célérité, à notre intrépidité. Conduisez-vous de même à l'avenir, et soyez convaincus que c'est par la soumission, par la patience, par la fermeté dans les dangers, qu'on parvient au plaisir et au bonheur. »

Trouvant alors ses soldats assez endurcis au travail pour supporter les fatigues de la guerre, assez aguerris pour ne pas craindre l'ennemi, bien exercés au maniement des armes et adroits à s'en servir, surtout accoutumes à la subordination et parfaitement disciplinés, il résolut de profiter de ces dispositions et de former incessamment quelque entreprise. Il n'ignorait pas qu'un général, en differant, a souvent perdu le fruit des plus beaux préparatifs ; il voyait d'ailleurs que l'émulation à se disputer le prix des exercices, devenue trop vive parmi ses soldats, dégénérait en jalousie. Ces raisons lui firent prendre le parti de les mener a l'ennemi. Il savait qu'un sentiment d'affection mutuelle attache naturellement l'un à l'autre des hommes qui partagent les mêmes perils ; bien loin de porter envie à celui qui a de plus belles armes, ou qui montre plus d'ardeur pour la gloire, ses rivaux ne voyant plus en lui qu'un camarade qui doit concourir avec eux au bien général, deviennent ses amis et sont les premiers à vanter sa bravoure. Il fit donc prendre les armes à toute l'armée, et après l'avoir rangée en bataille, il appela les commandants de dix mille hommes, ceux de mille, les capitaines et les chefs d'escouade. Ces officiers n'entraient point dans les rangs; s'ils allaient prendre les ordres du général, ou lui rendre compte, les dizainiers et les cinquainiers contenaient les soldats qui, à ce moyen, ne restaient jamais sans chefs.

Lorsque tous ceux dont la présence était nécessaire furent rassemblés auprès de Cyrus, il les promena dans les rangs et leur fit observer quelle troupe était en meilleur état, quelle partie des auxiliaires promettait le plus. Après avoir excité en eux la volonté d'agir, et leur avoir recommandé de se rendre le lendemain matin aux portes du palais de Cyaxare, il les renvoya dans leurs postes, avec ordre d'instruire les troupes de ce qu'ils venaient d'apprendre de lui, et d'échauffer tellement le cœur des soldats, qu'ils marchassent avec ardeur à l'ennemi. Ses ordres furent ponctuellement exécutés, et le lendemain, à la pointe du jour, les officiers se trouvèrent aux portes du palais. Cyrus étant entré avec eux, adressa la parole au roi, en ces termes :

« Ce que j'ai à dire, Seigneur, sans doute, vous l'avez déjà pensé comme nous, et je crois entrevoir pourquoi vous ne vous expliquez pas. Vous craignez peut-être que si vous étiez le premier à proposer de faire sortir l'armée de la Médie, on ne vous soupçonnât d'être ennuyé de nous fournir de subsistances. Mais puisque vous continuez à garder le silence, je hasarderai de parler pour vous et pour nous. Préparés au combat, comme nous le sommes, nous estimons tous, Seigneur, que nous ne devons point attendre que les ennemis soient entrés sur vos terres, et qu'au lieu de demeurer tranquilles dans un pays ami, il faut aller porter la guerre dans celui des ennemis. Tant que nous restons chez vous, nous y causons du dommage, et c'est malgré nous; chez eux au contraire, nous aurions du plaisir à piller. Il vous en coûte ici pour nous faire subsister; là, nous vivrons à leurs depens. S'il devait y avoir plus de danger pour nous en Assyrie qu'en Médie, nous aurions tort de ne pas prendre le parti le plus sûr; mais soit que nous attendions, soit que nous allions au devant, nous aurons affaire aux mêmes hommes; de notre côté, dans l'un et l'autre cas, nous serons également les mêmes. J'ajoute, seigneur, qu'en allant les chercher avec l'ardeur de gens qui ne craignent pas les approches, nous nous procurerons le double avantage, et d'animer la valeur de nos troupes et d'inspirer de la terreur aux Assyriens. Nous leur paraîtrons bien plus redoutables, quand ils apprendront que loin de nous renfermer dans nos foyers, et d'attendre en tremblant qu'ils viennent dévaster nos terres, nous les prévenons, en portant le ravage sur les leurs. Rien ne nous importe plus que de fortifier par la confiance les âmes de nos soldats et d'affaiblir par la peur celles de nos ennemis. Le peril alors ne sera plus égal; il diminuera pour les uns et croîtra pour les autres. J'ai souvent ouï dire à mon père, à vous même, et tout le monde en convient, que les âmes influent beaucoup plus que les corps, dans le succès d'une bataille. »

Cyaxare répondit à ce discours : Mon cher Cyrus, et vous Perses qui êtes présents, ne me faites pas l'injure de croire que je ne vous fournisse qu'à regret des subsistances. Je pense néanmoins ainsi que vous, qu'il n'y a rien de mieux à faire que d'entrer en Assyrie. Puisque c'est l'avis général; reprit Cyrus préparons nos équipages, et si les Dieux sont pour nous, partons sans différer. Il ordonna sur-le-champ aux soldats de ramasser leurs bagages. Tandis qu'ils exécutaient ses ordres, il sacrifia d'abord à Jupiter Roi, puis aux autres Divinités, les priant de favoriser ses desseins, de servir de guides à l'armée, de lui prêter leur assistance, de combattre avec elle et d'inspirer aux chefs des conseils salutaires. Il invoqua pareillement les Héros habitants et tutélaires de la Médie. Les sacrifices ayant été favorables et l'armée étant déjà rassemblée sur la frontière, il partit sous les plus heureux auspices. Dès qu'il eut mis le pied dans le pays ennemi, il fit des libations à la Terre, pour se la rendre propice; il apaisa par des victimes les Dieux et les Héros de l'Assyrie; il sacrifia de nouveau à Jupiter protecteur de la patrie et à tous les Dieux que sa mémoire lui rappela. Les sacrifices étant achevés, l'infanterie se mit en marche et alla camper à une petite distance de la frontière.

Cependant la cavalerie courait la campagne, d'où elle revint bientôt avec un butin considérable. Peu après, l'armée décampa. Elle était dans l'abondance, et ne cessait de ravager le pays, en attendant l'arrivée des ennemis. Lorsqu'on eut appris qu'ils n'étaient plus qu'à dix journées de chemin, Cyrus dit à Cyaxare : Il est temps, Seigneur, d'aller à leur rencontre, afin d'apprendre à nos troupes et à eux-mêmes que la peur ne ralentit point notre marche, et qu'il soit manifeste que nous ne cherchons pas à éviter le combat. Cyaxare approuva ce conseil : l'armée depuis ce moment ne marcha plus qu'en bataille, faisant chaque jour autant de chemin qu'il plaisait aux deux princes de l'ordonner. Elle prenait son repas du soir avant le coucher du soleil, et n'avait de feu durant la nuit qu'en avant du camp, où l'on avait soin d'en allumer, afin que si quelqu'un s'approchait à la faveur de l'obscurité, on pût le voir, sans être vu. Quelquefois, pour donner le change aux ennemis, on allumait les feux sur les derrieres du camp; et de là il arrivait souvent que leurs espions trompes par ce stratageme, tombaient dans les gardes avancees, croyant en être fort loin.

Lorsque les deux armées commencèrent à s'approcher, les Assyriens et leurs alliés ne campaient jamais sans creuser un fosse autour de leur camp. C'est une coutume qu'observent encore les rois barbares; et comme leurs armees sont tres nombreuses, ce travail est promptement execute. Ils usent de cette précaution, parce qu'ils ont l'experience que durant la nuit la cavalerie, surtout la leur, est dans un si grand desordre qu'on ne saurait presque en faire usage. En effet, les chevaux etant attaches au piquet, avec des entraves aux pieds, il est extrêmement difficile que le cavalier vienne à bout, en cas d'alarme, de les detacher, de les brider, de les equiper, en même temps qu'il est obligé de songer a se couvrir de son armure; et quand il surmonterait ces obstacles, il serait encore arrète par l'impossibilite de traverser le camp à cheval. Ils croient d'ailleurs qu'à l'abri de leurs fossés, on ne pourra les forcer au combat. Telles sont les raisons de la pratique des Assyriens et des autres nations barbares.

Déja les deux armées étaient pres l'une de l'autre. Lorsqu'il n'y eut plus entre elle que la distance d'environ une parasange, les Assyriens placerent leur camp dans un lieu découvert, qu'ils fortifierent de leur retranchement ordinaire. Cyrus, au contraire, choisit pour asseoir le sien, l'endroit le moins exposé à la vue, derrière quelques villages et quelques collines, qui couvraient le front de son armee. Il savait qu'à la guerre les mouvements inopinés sont les plus propres a jeter l'épouvante. On établit de part et d'autre des gardes avancées, pour empêcher les surprises durant la nuit; et chacun se livra au sommeil. Le lendemain, le roi d'Assyrie, Cresus et les chefs des alliés laisserent leurs troupes tranquilles dans les retranchements : mais Cyrus et Cyaxare mirent les leurs en bataille, pour se trouver en etat de bien recevoir les ennemis, s'ils venaient les attaquer. Quand on fut certain qu'ils ne sortiraient pas de leur camp, et qu'il ne se passerait rien de tout le jour, Cyaxare fit appeler Cyrus et quelques-uns des principaux officiers. Je suis d'avis, leur dit-il, que nous avancions, dans le meme ordre où nous sommes, jusqu'aux retranchements des Assyriens, pour leur montrer de pres le desir que nous avons d'en venir aux mains. S'ils ne paraissent pas, notre audace leur apprendra du moins de quoi nous sommes capables; et nos gens qui auront été témoins de leur peu d'ardeur, marcheront contre eux, dans l'occasion, avec plus d'assurance. Au nom des Dieux, seigneur, repondit Cyrus, gardons-nous de faire ce que vous proposez. En nous montrant aux ennemis, dans ce moment où ils se sentent hors d'insulte, ils nous verront approcher sans crainte : mais lorsqu'ensuite nous nous retirerons, apres une tentative inutile, et qu'ils auront pu remarquer a loisir que nous leur sommes fort inférieurs en nombre, ils feront peu de cas de nous; et demain on les verra sortir avec bien plus de résolution. Maintenant qu'ils nous savent pres d'eux, sans nous voir, soyez assuré que loin de nous mépriser, ils sont dans une grande inquietude sur nos projets : je ne doute pas même qu'il ne soit souvent question de nous dans leurs conversations. Attendons, seigneur, qu'ils sortent de leurs retranchements : alors paraissons tout-à-coup, courons à eux, et saisissons l'instant que nous désirons depuis si longtemps. Cyaxare et tous les officiers approuvèrent cet avis. Après le souper, on posta des corps de gardes, on alluma des feux en avant, et chacun se retira dans sa tente.

Le lendemain matin, Cyrus, une couronne sur la tête, accompagné des Homotimes, qui avaient eu ordre de venir couronnés comme leur chef, offrit un sacrifice, et le termina par ce discours : « Braves camarades, les Dieux, les devins et mes connaissances dans la divination, nous annoncent à la fois une bataille prochaine, la victoire et le salut de l'armée. Je rougirais s'il me tombait seulement dans l'esprit de vous avertir de la manière dont vous devez vous comporter : vous le savez comme moi, vous y avez souvent réfléchi, c'est le sujet de tous nos entretiens. Aussi, loin d'avoir besoin de leçons, vous êtes en état d'en donner aux autres. Cependant, comme il y a des choses auxquelles vous pourriez ne point penser, écoutez-moi. Il est, ce me semble, important que vous rappeliez à ceux qui sont élevés depuis peu au rang de nos compagnons d'armes, et que nous tâchons de rendre semblables à nous, dans quelle vue Cyaxare nous a nourris, quel a été le but de nos exercices; quelles instructions et quels conseils nous leur avons donnés. Ils se vanteront alors qu'ils les pratiqueraient aussi exactement que nous : faites qu'ils se souviennent que ce jour doit mettre à découvert le mérite de chacun. Il ne serait pas étonnant que quelques-uns d'entre eux eussent encore besoin d'être avertis de ce qu'ils doivent faire. Ce qu'on n'a pu apprendre que tard s'oublie aisément; et c'est toujours une chose estimable que de remplir ses devoirs par l'inspiration d'autrui : vous, de qui elle leur sera venue, vous y gagnerez d'avoir montré quels hommes vous êtes. Car celui qui dans une bataille sait augmenter le courage des autres, peut, à bon droit, se piquer d'être un guerrier parfait; au lieu que celui dont la bravoure, concentrée en lui seul, ne se communique point, ne doit se croire brave qu'à demi. Je me repose sur vous du soin de leur parler, afin de vous les attacher davantage, et qu'étant sous vos yeux pendant l'action, chacun à leur poste, ils cherchent à mériter votre estime. Soyez persuadés que tant qu'ils vous verront pleins de résolution, votre exemple plus puissant que les paroles, leur inspirera, ainsi qu'au reste de l'armée, la même assurance. Allez dîner, ajouta-t-il, sans quitter vos couronnes; et revenez après les libations, avec les mêmes couronnes sur la tête, prendre vos rangs. »

Lorsqu'ils furent sortis, Cyrus manda les serre-files : « Braves Perses, leur dit-il, que nous avons choisis pour être admis entre les Homotimes, comme vous égalez, en tout point, les meilleurs d'entre eux, et que l'âge vous donne de plus l'avantage de la prudence, je vous ai assigné un poste non moins honorable que celui des officiers qui occupent le premier rang; placés au dernier, vous serez à portée d'observer comment chacun se conduira; vos regards animeront les soldats, et vos discours soutiendront leur courage. Si quelqu'un agissait nonchalamment, vous le remarquerez, et vous pourrez empêcher que sa mollesse ne dégénère en lâcheté. Enfin, pour sentir combien il vous importe de vaincre, songez à quel danger, en cas de défaite, votre âge et la pesanteur de votre armure vous exposeraient. Quand ceux des premiers rangs vous inviteront par leurs cris à les suivre, marchez en diligence; et afin de ne leur céder en rien, criez à votre tour, qu'ils aient à doubler le pas, pour vous mener avec plus de vitesse à l'ennemi. Allez, quand vous aurez dîné, vous reviendrez, la couronne sur la tête, prendre vos rangs avec vos camarades. »

Pendant que ces choses se passaient au camp de Cyrus, les Assyriens qui avaient déjà pris leur repas, sortirent avec assurance de leurs retranchements, et se mirent en bataille sous les yeux du roi, qui donnait lui-même ses ordres, monté sur son char. « Assyriens, leur disait-il, jamais la valeur ne vous fut plus nécessaire; il s'agit aujourd'hui de combattre pour votre vie, pour la terre qui vous a vu naître, pour les foyers où vous avez été nourris, pour vos femmes, pour vos enfants, pour ce que vous avez de plus cher. Si vous êtes vainqueurs, vous resterez en possession de tous les biens dont vous avez joui jusqu'à présent : si vous êtes vaincus, les ennemis seront maîtres de tout. Que l'idée de la victoire, gravée dans vos cœurs, anime donc votre courage. Ce n'est pas en fuyant et en opposant à l'ennemi les parties du corps qui sont sans yeux, sans mains, sans armes, qu'on peut l'obtenir : il y aurait de l'extravagance à le penser. Il n'y en aurait pas moins à croire qu'il faut fuir pour sauver sa vie : nous savons, par expérience, que le moyen le plus sûr de la conserver, c'est de vaincre; et que l'on court bien plutôt risque de la perdre en fuyant, qu'en tenant ferme. On regarderait encore comme dépourvu de sens, un homme qui ayant le plus grand désir d'accroître ses possessions, tournerait le dos lâchement dans l'action; car personne n'ignore que le vainqueur s'empare de tout ce qui appartenait au vaincu, et que celui-ci perd tout, jusqu'a la liberté. »

Dans ce moment, Cyaxare fit dire a Cyrus qu'il etait temps de marcher a l'ennemi. Les Assyriens, continuait-il, n'ont à present qu'un petit corps de troupes hors des retranchements; mais avant que nous l'ayons joint, il grossira. N'attendons pas qu'ils nous soient superieurs en nombre, et chargeons-les, pendant que nous avons lieu de croire qu'il nous sera facile de les ecraser. Cyrus lui fit cette réponse : Soyez certain, Seigneur, qu'a moins que nous n'ayons defait plus de la moitie de leur armee, ils ne manqueront pas de dire qu'effrayes de leur multitude, nous n'avons ose attaquer qu'un detachement. Ils ne se regarderont pas comme battus; et nous serons obliges de courir les hasards d'une seconde action, pour laquelle ils feront peut-être des dispositions plus sages. Aujourd'hui, en ne se presentant devant nous que par pelotons, ils nous rendent les maîtres de choisir à quel nombre d'ennemis nous voulons nous-mêmes avoir affaire. Les envoyés s'en retournerent avec cette réponse.

Chrysante et quelques Homotimes arriverent, amenant avec eux plusieurs transfuges. Cyrus les ayant questionnes sur ce qui se passait dans l'armee ennemie : Actuellement, dirent-ils, les Assyriens sortent en armes de leur camp; le roi qui en est deja sorti, les met en bataille, et ne cesse de les animer, par les exhortations les plus vives, a mesure qu'ils arrivent pour prendre leurs rangs. C'est ce que rapportent des gens qui les ont entendues Seigneur, reprit Chrysante, si vous assembliez de même vos soldats, tandis que vous avez encore le temps de leur parler, est-ce que vos discours ne redoubleraient pas leur ardeur? Mon cher Chrysante, répondit Cyrus, que les harangues du roi d'Assyrie ne vous causent aucun souci; il n'y en a point d'assez puissante pour transformer subitement en braves soldats, les poltrons qui l'écoutent, ou en archers habiles, ceux qui ne se seraient jamais exercés à tirer de l'arc: on en peut dire autant de l'adresse à lancer le javelot, et à manier un cheval. Ce moyen ne serait pas plus efficace pour endurcir à la fatigue, des hommes qui n'auraient pas été accoutumés d'avance à la supporter. Mais, Seigneur, repartit Chrysante, vous auriez assez fait, si vous réussissiez à échauffer leur courage. Croyez-vous, répliqua Cyrus, que des paroles puissent en un seul jour remplir l'âme de ceux à qui on les adresse, de sentiments nobles et généreux, les rendre sensibles à l'honneur, les porter à mépriser, pour l'amour de la gloire, la fatigue et les dangers, leur persuader qu'il vaut mieux mourir en combattant, que devoir son salut à la fuite? Si on veut que les hommes soient pénétrés de ces sentiments, et qu'ils ne les oublient jamais, il faut commencer par établir des lois qui assurent aux citoyens vertueux une existence honorable, et qui condamnent les lâches à traîner une vie honteuse dans l'humiliation et dans la misère. Un second point non moins essentiel serait, à mon avis, de les mettre sous la conduite de maîtres et de surveillants, qui travailleraient à les former, autant par leur exemple que par des préceptes, à la pratique des choses louables, jusqu'à ce qu'ils les eussent bien convaincus qu'il n'y a de vraiment heureux dans le monde, que ceux qui, par leur valeur, se sont acquis l'estime publique, et que les lâches, les gens sans honneur, sont les seuls malheureux. Des hommes a qui on aura su inspirer ces sentiments, feront voir un jour qu'ils ont appris, par les instructions qu'on leur a donnees, à surmonter la crainte du danger. S'il suffisait, pour les animer de l'ardeur guerriere, de les haranguer, au moment où couverts de leurs armes ils vont à la charge, moment dans lequel la plupart oublient ces anciennes instructions, rien ne serait plus aise que d'acquérir pour soi et de communiquer aux autres celle de toutes les qualites qui honore le plus les hommes. Mais loin de penser que ce soit une chose facile, je n'oserais meme compter que nos soldats, tout exercés qu'ils sont de longue main, tinssent ferme, si je ne vous voyais a leur tête, pour leur montrér par vos exemples comment il faut se comporter, et pour rappeler à leur devoir ceux qui s'en écarteraient par oubli. En un mot, Chrysante, je ne serais pas moins surpris si des troupes, qui n'auraient pas eté formees aux vertus guerrieres, devenaient braves, pour avoir écouté un discours eloquent, que si un homme, pour avoir entendu un air bien chanté, se trouvait savoir la musique, dont il n'aurait eu auparavant nulle teinture.

Durant cet entretien, Cyaxare fit dire une seconde fois a Cyrus qu'il avait tort de différer et de ne pas mener les troupes à l'ennemi. Retournez vers Cyaxare, répondit le prince aux envoyés, et dites-lui, en presence de tout le monde, que les Assyriens ne sont pas encore sortis de leur camp en assez grand nombre, mais que, puisqu'il le veut, je vais exécuter ses ordres. En finissant ces mots, il invoqua les Dieux, ordonna que l'armée se mît en mouvement, et partit à la tête au pas redoublé. Les troupes depuis longtemps accoutumées à marcher, sans confondre leurs rangs, le suivirent en bon ordre. L'emulation qui régnait entre les soldats, la vigueur de leurs corps fortifiés par l'habitude du travail, la présence de leurs officiers qui formaient le premier rang, tout concourait a leur donner de l'assurance. Comme ils savaient, par leur propre expérience, qu'il y a beaucoup d'avantage et peu de danger à combattre de près contre des cavaliers, des archers et autres gens de trait, et qu'ils avaient une grande confiance dans la superiorite de leur discipline, ils allaient a l'ennemi avec allégresse.

Avant que d'arriver à la portee de l'arc, Cyrus donna pour mot de ralliement : *Jupiter, auxiliaire et conducteur*. Lorsque le mot, apres avoir passé de bouche en bouche, lui fut revenu, il entonna, suivant l'usage, l'hymne en l'honneur des Dioscures (1), que les soldats continuerent, chantant de toute leur voix, avec un respect religieux. Dans ces occasions, plus on craint les Dieux, moins on redoute les hommes. L'hymne étant acheve, les Homotimes recommencent à marcher d'un pas égal et dans le meilleur ordre. La gaîte brille sur leurs visages; ils se regardent, avec complaisance, les uns les autres; ils appellent par leur nom ceux qui sont a côté d'eux, ceux qui sont derrière : tous s'exhortent mutuellement à marcher, repetant sans cesse : Allons, chers amis; avançons, braves camarades. Les derniers rangs repondent aux cris des premiers, en

(1) Ces dieux appartiennent à la mythologie grecque, et il est probable que les Perses, du temps de Cyrus, ne connaissaient pas même de nom ces fils de Jupiter.

les exhortant, à leur tour, à les mener vigoureusement. On ne voit dans l'armée de Cyrus qu'ardeur, amour de la gloire, confiance, zèle à s'encourager réciproquement, prudence, discipline, dispositions bien propres à jeter la terreur dans l'âme des ennemis.

Quant aux Assyriens, ceux qui devaient, suivant leur coutume, engager le combat, montés sur des chars, sauterent dessus promptement à l'approche des Perses et se replierent sur le gros de leur armee. Les archers, les autres gens de trait et les frondeurs firent une decharge, mais de beaucoup trop loin. Cependant, les Perses avançaient, et deja ils foulaient aux pieds les fleches que les Assyriens avaient tirees inutilement. Alors, Cyrus s'écrie : Vaillants guerriers, que quelqu'un d'entre vous double le pas, qu'il fasse voir de quoi il est capable, et que son exemple devienne un signal pour les autres. A ces mots, qui furent répandus dans un instant, plusieurs, emportés par leur courage et par le désir d'en venir aux mains, commencent a courir ; ils sont suivis du reste de l'armée : Cyrus lui-même, cessant de marcher au pas, est bientôt a la tête de ceux qui courent ; il les precede en criant : Qui me suit? Ou est le brave qui, le premier, renversera un ennemi? Ceux qui l'entendent repondent par le même cri, et ce cri est répete par toutes les voix. Telle fut l'impetuosite avec laquelle les troupes de Cyrus volerent au combat. Mais les Assyriens, loin de les attendre, prirent la fuite et se retirerent dans leurs retranchements. Tandis qu'ils se pressaient à l'entree, les Perses, qui les avaient poursuivis jusque-là, en firent un grand carnage ; puis, fondant sur ceux qui tombaient dans le fosse, ils tuèrent indistinctement et les hommes et les chevaux des chars, qui s'y étaient précipites dans le désordre de la fuite. La cavalerie mede, voyant cette déroute, chargea celle des ennemis, qui ne songea plus qu'à eviter le combat en fuyant : elle fut vivement poursuivie, et perdit un grand nombre d'hommes et de chevaux. Il restait un corps d'Assyriens, posté en dedans des retranchements, sur la crête du fosse ; mais, consternès de l'affreux spectacle qu'ils avaient sous les yeux et frappes de terreur, ils n'avaient ni la force, ni la pensee de se servir de leurs fleches et de leurs dards, contre ceux qui massacraient leurs camarades : s'etant même aperçus que quelques Perses avaient forcé l'entree du camp, ils abandonnèrent leur poste et s'enfuirent.

Quand les femmes, tant des Assyriens que de leurs allies, virent que la déroute était générale, et qu'on fuyait même dans le camp, elles firent retentir l'air de leurs cris : saisies de frayeur, elles couraient de tous côtés, les mères portant leurs enfants dans leurs bras, les autres arrachant leurs habits, se déchirant le visage; toutes conjurant ceux qu'elles rencontraient de ne les pas laisser à la merci de l'ennemi, et de combattre pour leurs femmes, pour leurs enfants, pour leur propre vie. Dans ce moment, les rois allies avec leurs meilleurs soldats, se porterent vers l'entrée du camp, et, du lieu le plus elevé des retranchements, ils s'efforçaient de repousser l'ennemi, combattant eux mêmes et ranimant le courage de leurs troupes. Ce mouvement fit craindre a Cyrus que, s'il entreprenait de forcer le passage, ses gens trop peu nombreux ne fussent accables par la multitude. Pour éviter le danger qu'il prévoyait, il ordonna qu'on se retirât hors de la portée du trait et qu'on eût à obéir. Il fut aise de distinguer les Homotimes a leur excellente discipline, a la promptitude de leur obeissance et a leur zele pour faire executer le commandement du géneral. Chacun d'eux connaissait si bien son poste, qu'etant arrives a la distance prescrite, ils se trouverent mieux rangés qu'un chœur de danseurs.

LIVRE QUATRIÈME

Cyrus etant demeure assez longtemps dans la meme position avec son armee, pour faire connaître aux ennemis qu'il etait prêt a recommencer le combat, s'ils voulaient sortir de leurs retranchements, et ne voyant paraître personne, prit le parti d'aller camper a quelque distance de la. Lorsqu'il eut établi des sentinelles et envoye des espions a la découverte, il tint ce discours a ses soldats rassemblés autour de lui :

« Braves compagnons, commençons vous et moi, par rendre grâces aux Dieux de la victoire que nous venons de remporter, et de la vie qu'ils nous ont conservée. Il est juste que nous nous empressions de leur en temoigner, autant qu'il est en nous, notre reconnaissance. Ce devoir rempli, il me reste a vous louer tous sans exception, car vous avez tous contribué au succes de cette journee. Quand je serai plus exactement instruit des details particuliers, je distribuerai les éloges et les récompenses, suivant le mérite des actions de chacun. Comme Chrysante combattait a la tête de sa compagnie, qui etait le plus pres de moi, je n'ai pas besoin de demander comment il s'est comporté ; je lui ai vu faire tout ce que faisaient, sans doute, ceux que je ne voyais pas. Dans l'instant où lui adressant la parole j'ai ordonné la retraite, il avait le bras levé, prêt à frapper un ennemi ; pour obéir plus promptement, il n'a point achevé, et sur-le-champ il a emmené sa compagnie, en avertissant les autres capitaines de faire la même chose. Cette manœuvre a été si bien exécutée, que Chrysante et sa troupe étaient hors de la portée du trait, avant que les ennemis se fussent aperçus que nous faisions retraite, et qu'ils eussent pu bander leurs arcs ou lancer leurs javelots. C'est a cette prompte obéissance que lui et les siens sont redevables de n'avoir reçu aucune blessure. Je vois que plusieurs d'entre vous ont été moins heureux ; lorsque je saurai dans quelle circonstance ils ont été blessés, je m'expliquerai sur leur compte. A l'égard de Chrysante, puisqu'il est également prudent et brave dans l'execution, aussi capable de commander que diligent à obéir, je le fais chef de mille hommes, et si les Dieux m'accordent de nouvelles faveurs, je me souviendrai de ses services. Vous tous, qui m'écoutez, je vous exhorte à ne jamais oublier ce que vous avez vu dans le combat, afin que vous soyez toujours en état de juger lequel est le plus sûr pour conserver sa vie, de tenir ferme ou de fuir; lequel de deux soldats qui marchent à l'ennemi, l'un de bon gré, l'autre avec répugnance, se tire plus facilement du danger; quel est le charme du plaisir attache à la victoire. Vous pouvez décider ces questions d'apres l'expérience de ce qui s'est passé récemment sous vos yeux. Le souvenir que vous en garderez affermira votre courage. Mais il est temps que vous preniez votre repas; allez donc, braves et sages compagnons, guerriers chéris des Dieux, allez faire des libations en leur honneur, chantez l'hymne de la victoire; et surtout ayez sans cesse présent a l'esprit ce que je viens de vous dire. » En finissant ce discours, Cyrus monte à cheval et part pour se rendre aupres de Cyaxare. Quand les deux princes se furent donné des temoignages reciproques de leur joie, Cyrus examina ce qu'on faisait dans le quartier des Medes, demanda au roi si quelque chose lui manquait et alla rejoindre son armee.

Des que les Perses eurent soupe et posé des sentinelles, comme la prudence l'exigeait ils se livrerent au repos. Les Assyriens etaient dans une situation bien differente. La mort de leur roi (1) et d'un grand nombre de leurs plus braves gens, qui avaient péri avec lui, causait parmi eux une consternation générale; plusieurs même s'enfuirent pendant la nuit. Cette désertion jeta Cresus et les autres allies dans un profond accablement. Nulle idee consolante, nulle ressource ne s'offrait à eux. Ce qui mit le comble a leur decouragement, fut que les Assyriens mêmes, qui tenaient le premier rang dans l'armee, semblaient avoir perdu jusqu'a la faculte de penser; ils se determinerent donc a décamper, et se sauverent a la faveur des ténebres.

Au point du jour, Cyrus ayant remarque que les ennemis etaient sortis de leur camp, se hâta d'y faire entrer les Perses, avant le reste de l'armée; ils y trouverent une grande quantite de brebis, de bœufs, de chariots

(1) Sans doute, ce prince fut tué lorsqu'il vint avec les rois, ses alliés, pour arrêter les Perses prêts à forcer l'entrée de son camp. Il paraît étonnant que Xénophon traite si légerement un fait de cette importance, et qu'il ne s'étende pas davantage sur la mort du roi d'Assyrie, ne fût-ce que pour relever la gloire de Cyrus et des Perses.

remplis d'une infinité de choses utiles, que les Assyriens avaient laissees. Les Medes qui etaient demeures avec Cyaxare, accoururent bientôt, et l'armee entiere y fit son repas. Apres le dîner, Cyrus ayant convoque les capitaines Perses « Chers camarades, leur dit-il, que de biens, et quels biens encore, les Dieux mettent entre nos mains, et que nous laissons echapper ! Les ennemis frappes de terreur ont pris la fuite ; vous le voyez. Est-il vraisemblable que des gens qui ont abandone, en fuyant, des retranchements ou ils étaient a couvert, osassent tenir devant nous en rase campagne ; que les mêmes hommes qui ont lâche le pied, avant d'avoir eprouvé notre valeur, eussent le courage, apres avoir éte battus et maltraites, de résister a leurs vainqueurs ? Les plus braves d'entre eux ont péri ; le reste, composé des plus mauvais soldats, aura-t il l'audace de vouloir se mesurer avec nous ? » Pourquoi, dit un des capitaines, ne nous pressons-nous pas de les poursuivre, puisque l'avantage est si evident ? Parce que nous n'avons point de cavalerie, repondit Cyrus, et que les plus considerables d'entre les ennemis, qu'il nous importerait le plus de tuer ou de faire prisonniers, s'en retournent a cheval dans leur pays. Nous avons bien pu, avec l'aide des Dieux, les mettre en déroute ; mais nous ne pouvons pas nous flatter de les atteindre en les poursuivant. Que n'allez-vous, repartirent plusieurs officiers, en parler a Cyaxare ? Venez donc tous avec moi, repliqua Cyrus ; afin qu'il voie que nous pensons tous de même. Ils le suivirent et n'omirent aucune des raisons qui leur parurent les plus propres a faire reussir ce qu'ils proposaient.

Cyaxare, soit jalousie de ce que les Perses avaient les premiers ouvert cet avis, soit persuasion qu'il serait plus sage de ne pas s'exposer a de nouveaux hasards (le roi et la plupart des Medes ne songeaient alors qu'a se livrer à la joie), Cyaxare, dis-je, répondit : « Cyrus, j'ai souvent ouï dire et j'ai vu par moi-même que vous autres Perses, vous êtes de tous les hommes les plus exerces a vous tenir en garde contre l'attrait du plaisir ; moi, je pense qu'il y a moins de merite a s'en défendre, qu'a le prendre avec moderation Eh, que nous arrivera-t-il jamais, qui puisse nous en procurer un plus sensible, que notre fortune presente ? Si nous savons la conserver, nous vivrons heureux, nous vieillirons en paix loin des dangers ; si au contraire nous sommes insatiables et que nous pretendions qu'un bonheur ne doive servir qu'a nous en preparer un autre ; il est a craindre que nous n'ayons le sort de ces navigateurs, qui séduits par leurs premiers succes s'obstinent à courir les mers, jusqu'a ce qu'enfin ils perissent dans les flots. Souvenons nous qu'on a plus d'une fois perdu le fruit d'une premiere victoire, pour avoir voulu en obtenir une seconde. Si les ennemis qui ont pris la fuite nous etaient inférieurs en nombre, sans doute, nous hasarderions peu a les poursuivre ; mais considérez, je vous prie, que nous n'avons défait, avec toutes nos troupes reunies, qu'une très petite partie des leurs, et que les autres demeuraient dans l'inaction. Si nous ne les provoquons pas au combat, lâches et mal habiles comme ils sont, ne connaissant d'ailleurs ni leurs forces ni les nôtres, ils se retireront ; au lieu que si en les poursuivant nous leur faisons sentir que la fuite est aussi dangereuse pour eux que la resistance, nous courons risque de les rendre braves malgre eux. Car vous ne pouvez douter qu'ils ne desirent encore plus ardemment de sauver leurs femmes et leurs enfants, que vous ne desirez de vous en rendre maitres. Vous savez qu'une troupe de sangliers, quelque nombreuse qu'elle soit, s'enfuit avec ses petits, des qu'elle se croit découverte, et qu'une laie seule, si on donne la chasse aux siens, loin de fuir s'élance sur le chasseur qui cherche à les lui enlever. Tant que les ennemis ont été renfermés dans leurs retranchements, ils nous donnaient la facilité de les battre en détail, même de choisir à quel nombre des leurs nous voulions avoir affaire; mais si nous les joignons en plaine, ils ne manqueront pas de se diviser en plusiers corps qui nous attaqueront, l'un de front, comme il est arrivé dans la derniere bataille, deux autres en flanc, un quatrieme par derriere, et nous n'aurons ni assez d'yeux ni assez de mains pour nous défendre. Enfin je ne voudrais pas, maintenant que les Medes ne songent qu'à se divertir, les contraindre d'aller chercher de nouveaux perils. »

Ne contraignez personne, repartit Cyrus : donnez-moi seulement ceux qui voudront bien me suivre. A notre retour, vous vous applaudirez peut-être, vous et vos amis, de ce que nous aurons fait. Ne croyez pas que nous ayons intention d'attaquer le gros de l'armée; il ne nous serait pas même possible de l'atteindre : mais si nous rencontrons quelque corps détaché, ou reste en arriere, nous vous le ramènerons. Songez, Seigneur, qu'a votre priere, nous sommes venus de fort loin pour vous secourir; il est juste qu'à votre tour vous vous occupiez de nos interêts, et que vous nous mettiez du moins en état de porter dans notre patrie quelques fruits de notre voyage, sans qu'il en coûte rien à vos trésors. Si quelqu'un veut vous suivre, répondit Cyaxare, j'en serai fort aise. Envoyez donc avec moi, reprit Cyrus, quelqu'un des plus plus accrédités d'entre les Medes, pour annoncer aux autres ce que vous venez de decider. Prenez, dit Cyaxare, celui qu'il vous plaira. Le hasard fit que ce Mede qui s'était dit le cousin de Cyrus, et qui l'avait embrasse tant de fois, se trouvait pour lors aupres du roi. Celui-ci me suffira, dit le Prince, en le montrant. A la bonne heure, repliqua Cyaxare, qu'il vous suive; et vous, ajouta-t-il, en parlant au Mede, allez annoncer que chacun est libre d'accompagner Cyrus. Quand ils furent sortis de la tente : Voici l'occasion, lui dit Cyrus, où je pourrai juger s'il est bien vrai que vous preniez, comme vous le disiez autrefois, tant de plaisir a me voir. Puisque vous parlez ainsi, reprit le Mede, je ne vous quitterai plus. Puis-je m'assurer, continua Cyrus, que vous n'omettrez rien de ce qu'il faut dire a vos compatriotes? Je vous le jure, repliqua-t-il, je tâcherai de mériter que vous ayez aussi du plaisir à me voir. En effet, il s'acquitta de la commission de Cyaxare aupres des Medes, avec la plus grande chaleur, et ajouta que pour lui jamais il ne se separerait d'un Prince qui unissait à la bonté et a la valeur l'avantage encore plus grand d'être issu des Immortels.

Pendant que Cyrus se preparait a executer son projet, il lui vint, comme par une faveur singuliere des Dieux, une ambassade des Hyrcaniens. Cette nation est peu nombreuse : elle avait éte subjuguée par les Assyriens, dont elle est voisine; elle passait et passe encore aujourd'hui, pour fournir d'excellents hommes de cheval. Aussi, les Assyriens se servaient d'eux, comme on sait que les Lacedémoniens se servent des Scirites (1) : ils les

(1) Les Scirites tiraient leur nom de *Scirus*, ou *Sci-*

exposaient toujours sans ménagement à la fatigue et au danger. Dans la fuite des troupes Assyriennes, le corps des Hyrcaniens, qui etait d'environ mille cavaliers, avait éte placé à la queue de l'arriere-garde, afin que si l'ennemi tombait sur les derrieres, ils en essuyassent le premier choc. Ils marchaient donc les derniers de l'armée, ayant avec eux leurs chariots et leur famille, suivant la coutume de la plupart des nations Asiatiques, lorsqu'elles vont a la guerre; car ils avaient adopte cet usage. Les Hyrcaniens reflechissant sur la maniere dont ils etaient traites, considerant d'ailleurs que le roi d'Assyrie etait mort, que depuis sa défaite la terreur etait generale parmi ses troupes, et que le decouragement avait gagné ses alliés, jugerent que l'occasion etait favorable pour secouer le joug, si les Perses voulaient se joindre a eux et attaquer de concert l'ennemi commun. Ce fut le motif de l'ambassade qu'ils envoyerent a Cyrus, dont la derniere bataille avait rendu le nom encore plus célebre.

Les envoyés, apres avoir exposé au Prince les justes raisons qu'ils avaient de se plaindre des Assyriens, lui offrirent, s'il voulait marcher contre eux, d être ses guides dans la marche et de combattre sous ses ordres. Ils ajouterent, pour l'exciter plus fortement à l'entreprise qu'ils lui proposaient, un ta-

ros, colonie Arcadienne. Les Lacédémoniens avaient toujours dans leurs armées un corps de ces Scirites, qu'ils plaçaient, suivant Hesychius, dans les endroits où il y avait le plus de danger Diodore de Sicile ne rapporte point cette circonstance : il dit seulement que les Scirites ne se mettaient point en bataille avec les autres troupes, qu'ils avaient un poste séparé et qu'ils accompagnaient ordinairement le roi. *Diod. Sic.*, l. XV.

bleau du triste état de l'armée ennemie. Croyez-vous, leur dit Cyrus, que nous puissions la rencontrer, avant qu'elle se soit jetée dans quelque place forte, car, continua-t-il, pour leur donner une haute idée des Perses, nous regardons comme un revers pour nous, qu'elle ait pris la fuite, sans que nous nous en soyons aperçus? Les envoyés répondirent qu'en faisant diligence, il serait possible de joindre les Assyriens le lendemain matin; non seulement parce que leur nombre et l'embarras des chariots rendaient leur marche très lente, mais de plus, parce qu'ayant passé la nuit précédente sans dormir, ils n'avaient pu faire que peu de chemin. Quel gage, reprit Cyrus, nous donnerez vous de la vérité de ce que vous dites? Nous allons partir, répliquèrent-ils; et dès cette nuit, nous vous amènerons des otages : engagez-nous seulement votre foi, en présence des Dieux, et tendez nous votre main droite ; afin que nous puissions porter à nos compatriotes ces garants de votre parole. Cyrus jura que s'ils tenaient leurs promesses, il les regarderait comme de fidèles amis, et ne les traiterait pas moins bien que les Perses et les Mèdes. Les Hyrcaniens n'ont rien perdu depuis de la confiance qu'on prit dès lors en eux; ils sont même admis indistinctement aux dignités, comme les Mèdes et les Perses les plus considérés.

Les troupes avaient soupé; et il était encore jour : Cyrus leur ordonna de sortir des tentes, et aux ambassadeurs Hyrcaniens de demeurer, pour les accompagner. Les Perses obéirent avec leur diligence ordinaire : ils furent bientôt hors du camp, ainsi que Tigrane et ses Arméniens. Les Mèdes que différents motifs attachaient à Cyrus, ne montrèrent pas moins d'empressement : les uns avaient été ses camarades et ses amis dans son enfance ; les autres se souvenaient, avec sensibilité, de la douceur qu'ils avaient éprouvée dans son commerce, en chassant avec lui : ceux-ci pensaient qu'il les avait délivrés d'un grand effroi (1); ceux-là étaient persuadés qu'un prince doué de tant d'excellentes qualités par la nature, ne serait pas moins bien traité par la fortune, et qu'un jour il deviendrait un puissant monarque. Quelques-uns avaient à s'acquitter envers lui des services qu'ils en avaient reçus durant le temps de son éducation a la cour d'Astyage, et ceux-là étaient en grand nombre, tant il avait dès lors de penchant à obliger ; quelques autres enfin étaient attirés par l'espérance du butin : le bruit qui s'était répandu que les Hyrcaniens devaient les conduire à un riche pillage, animait encore cette espérance. Ainsi presque tous les Medes suivirent Cyrus : il ne resta auprès de Cyaxare, que les officiers de sa garde, avec leurs soldats. L'allegresse et l'ardeur des autres en partant étaient telles qu'on peut l'attendre de gens qui marchent sans y être contraints, de leur plein gré, et par affection pour le général. Lorsque l'armée entiere fut sortie du camp, Cyrus alla d'abord visiter les Mèdes. Après avoir loué leur bonne volonté, il pria les Dieux de jeter sur eux et sur leur chef un regard favorable, d'être leurs guides, de le mettre lui-même en état de reconnaître leur zèle. Ensuite il ordonna que l'infanterie marchât la première, que la cavalerie Mède la suivît, et que toutes les fois qu'on ferait halte pendant la route, pour quelque cause que ce fût, on eût soin

(1) Ceci doit s'entendre de la peur que leur avait causée d'abord l'approche des Assyriens.

de détacher vers lui quelques cavaliers, par qui il pût faire porter les ordres nécessaires.

Ces dispositions étant faites, il commanda aux Hyrcaniens de se mettre à la tête de l'armée. Pourquoi, dirent-ils, n'attendez-vous pas avant de marcher, que nous vous ayons amené nos otages, pour garants de notre fidélite ? Nous avons, répondit Cyrus, dans notre courage et dans la force de nos bras, de quoi nous en assurer. Nous ne manquerons pas de moyens de vous récompenser, si vous avez dit la vérité ; dans le cas où vous auriez cherché a nous tromper, vous éprouverez, si les Dieux le permettent, que nous sommes plus faits pour nous rendre maîtres de votre sort, que pour voir le nôtre dépendre de vous. Puisque selon votre rapport, continua-t-il, vos compatriotes sont à la queue de l'armée, soyez attentifs à nous les montrer, dès que vous les découvrirez, afin que nous les épargnions. Les Hyrcaniens, pleins d'admiration pour Cyrus se mirent en marche à la tête des troupes, suivant l'ordre qu'ils avaient reçu ; et des lors ils cesserent de redouter les Assyriens, les Lydiens et leurs alliés : ils ne craignirent plus autre chose, sinon que le Prince Perse ne fît trop peu de cas d'eux, et qu'il ne lui fût indifférent de les avoir, ou de ne les avoir pas pour auxiliaires.

On rapporte que la nuit etant survenue pendant qu'ils étaient en route, une lumiere brillante, qui partait du ciel, se repandit tout a coup sur Cyrus et sur son armée. Ce prodige excita dans les troupes un mouvement de frayeur religieuse, et redoubla leur ardeur. Comme elles marchaient tres lestement, elles firent tant de chemin, qu'a la pointe du jour elles avaient déja joint le corps des Hyrcaniens. D'aussi loin que les envoyés les virent; voila nos compatriotes, dirent-ils a Cyrus : nous les reconnaissons a leur position a la queue de l'armee ennemie, et a la multitude des feux. Allez, dit le Prince a l'un des envoyes, leur annoncer que s'ils veulent sincerement embrasser notre parti, ils peuvent venir a nous sans differer, en levant la main droite : Vous, ajouta-t-il, en parlant à quelques-uns des siens, accompagnez le, et recommandez aux Hyrcaniens de se conformer a ce qu'ils vous verront faire en les abordant. Tandis que l'un des deux envoyes allait vers ses compatriotes, l'autre demeura aupres de Cyrus, qui fit faire halte, pour observer comment les Hyrcaniens se comporteraient. Dans cet intervalle, Tigrane et les chefs des Medes vinrent lui demander ce qu'ils devaient faire. Le corps des Hyrcaniens, repondit-il, est prêt a nous joindre : je leur ai depeche un de leurs envoyes, avec quelques-uns de nos gens, pour leur dire que s'ils desirent d'être de nos amis, ils aient à venir a nous la main droite levée. S'ils se presentent dans cette attitude, il faut que chacun de vous leur reponde par le même signe; ce sera le moyen de les rassurer : mais s'ils paraissaient vouloir se servir de leurs armes, ou qu'ils cherchent à s'enfuir, faites en sorte qu'il n'échappe pas un seul homme de cette premiere troupe d'ennemis. Tel fut l'ordre que donna Cyrus.

Les propositions qu'on porta de sa part aux Hyrcaniens furent reçues avec la plus grande joie : ils monterent aussitôt à cheval et accoururent en faisant le signal convenu. Les Medes et les Perses, en leur repondant par le même signal, ne leur laissèrent aucun sujet d'inquietude. Hyrcaniens, leur dit Cyrus, nous prenons en vous, des ce moment, une entiere confiance; la vôtre doit être reciproque. Commencez par nous apprendre à quelle distance nous sommes actuellement du lieu qu'occupent les chefs des ennemis avec leurs troupes. Ils répondirent que la distance n'etait guere que d'une parasange.

« Perses et Medes, continua le prince, et vous, Hyrcaniens, que je regarde dejà comme des alliés qui doivent partager notre fortune, ne perdez pas de vue ce qu'exige de vous la conjoncture présente. Si nous agissons mollement, nous courons risque d'attirer sur nous des malheurs de toute espèce, car les ennemis ne pourront ignorer quel dessein nous amene ici. En allant vigoureusement à eux et les attaquant avec intrepidité, vous les verrez, comme des esclaves fugitifs qui retombent entre les mains de leurs maîtres, les uns demander quartier, les autres s'enfuir, plusieurs perdre la tête et ne savoir quel parti prendre. Assaillis avant de s'être aperçus que nous approchions, ils n'auront eu le temps ni de se ranger en bataille, ni de se preparer à combattre : ils seront vaincus, quand ils commenceront à nous voir pres d'eux. Si nous voulons souper gaiement, dormir tranquillement, vivre désormais heureux, ne leur donnons le loisir ni de déliberer, ni de faire des préparatifs pour leur défense, pas même de reconnaître qu'ils ont affaire à des hommes : il faut qu'ils ne voient que des boucliers, des haches, des épees; qu'ils ne sentent que des coups et des blessures. Vous, Hyrcaniens, vous marcherez en avant pour couvrir notre front, afin que la vue de vos armes entretienne plus longtemps l'erreur des ennemis. Lorsque je serai arrivé à portée de leur camp, que chaque troupe de cavalerie laisse auprès de moi un escadron dont je puisse me servir, suivant les circonstances, sans quitter mon poste. Vous, chefs et soldats, dont l'âge a mûri la valeur, il est de votre prudence de marcher serrés, en bon ordre, de peur qu en donnant dans un corps bien disposé a vous recevoir, vous ne soyez repoussés avec perte. Laissez les jeunes gens poursuivre les ennemis; qu'ils fassent main basse sur eux : le plus sûr pour nous est d'en épargner le moins qu'il sera possible. Si nous sommes assez heureux pour achever leur défaite, gardons-nous de nous amuser à piller, comme il arrive quelquefois aux vainqueurs : le soldat qui s'abandonne au pillage n'est plus qu'un goujat qu'il est permis de traiter en esclave. Vous devez savoir que la victoire est la source de tous les biens; qu'elle met entre les mains de celui qu'elle couronne les hommes, les femmes, les richesses, les Etats des vaincus : n'ayons d'autre objet que de l'obtenir : le pillard même avec son butin retombera en notre puissance. N'oubliez pas, en poursuivant l'ennemi, qu'il faut me rejoindre avant la nuit : dès que le jour aura fait place aux ténèbres, on ne recevra plus personne dans le camp. » Après ce discours, Cyrus renvoya les officiers chacun à leur poste, et les chargea de repeter aux dizainiers ce qu'il venait de dire. Comme les dizainiers se trouvaient au premier rang, il était aisé de leur faire entendre les ordres qu'ils devaient faire passer à leurs dizaines. L'armée continua sa marche : les Hyrcaniens faisaient l'avant-garde; Cyrus, avec les Perses, occupait le centre; la cavalerie était placée sur les ailes.

Quand le jour parut, quelques-uns des Assyriens, saisis d'étonnement, ne savaient que penser de ce qu'ils voyaient; d'autres reconnurent le danger qui les menaçait; plusieurs portèrent, par leurs cris, l'alarme dans le camp. Ce ne fut bientôt que confusion et désordre : ici, on déliait les chevaux ; là, on ramassait le bagage ; ailleurs, on détachait les armes qui étaient chargées sur les bêtes de somme, et l'on s'empressait de se couvrir de son armure. Les uns ont déjà sauté sur leurs chevaux ; d'autres équipent les leurs ; plusieurs portent leurs femmes dans les chariots : ceux-ci s'emparent des effets les plus précieux, comme s'ils se flattaient de pouvoir les sauver ; ceux-là travaillent à les enfouir : mais la plupart cherchent leur salut dans la fuite. En un mot, tout ce qu'on peut faire dans la situation où ils se trouvent, ils le font, si ce n'est qu'ils ne se défendent point, et périssent ainsi sans rendre de combat.

Comme on était en été, Crésus, roi de Lydie, avait fait partir ses femmes dans des chariots, durant la nuit, afin que la fraîcheur leur rendît le voyage moins incommode, et lui-même les avait suivies avec sa cavalerie. Le roi de la Phrygie, située sur les bords de l'Hellespont, avait aussi, dit-on, quitté le camp. Lorsque ces deux princes eurent jugé de ce qui s'était passé, par la multitude des fuyards qu'ils voyaient accourir, ils se mirent à fuir de toute la vitesse de leurs chevaux. Les rois des Cappadociens et des Arabes, qui n'avaient encore pu s'éloigner, furent atteints par les Hyrcaniens : ils voulurent faire résistance, quoiqu'ils n'eussent pas eu le temps de prendre leurs armes ; mais bientôt ils succombèrent. La plus grande perte fut du côté des Assyriens et des Arabes, qui, étant dans leur pays, n'avaient pas pressé leur marche. Pendant que les Mèdes et les Hyrcaniens poursuivaient les ennemis et usaient envers eux du droit des vainqueurs, Cyrus ordonna aux cavaliers qui étaient restés auprès de lui de faire la patrouille autour du camp et de passer au fil de l'epée tous ceux qu'ils en verraient sortir armés. Il fit publier en même temps que les soldats ennemis qui se trouvaient dans l'enceinte, soit cavaliers, soit fantassins légèrement armes, soit archers, apportassent leurs armes liées en faisceaux et laissassent les chevaux au piquet, sous peine de mort en cas de désobéissance. Aussitôt les Perses, l'épée a la main, formerent une vaste enceinte, au milieu de laquelle ceux des ennemis qui avaient des armes vinrent les deposer, suivant l'ordre qu'ils en avaient reçu, et des soldats, préposés par le général, y mirent le feu.

Alors Cyrus se rappela que ses troupes en partant, ne s'étaient point pourvues des munitions de bouche, sans lesquelles on ne saurait s'engager dans une expédition militaire, ni tenter aucune entreprise. Comme il songeait aux moyens de s'en procurer abondamment et promptement, il lui vint en pensée qu'une armée en campagne avait toujours à sa suite des valets et des pourvoyeurs, tant pour avoir soin des tentes, que pour fournir aux soldats, lorsqu'ils y rentrent, les choses nécessaires; et il conclut que vraisemblablement cette sorte de gens formait le plus grand nombre des prisonniers qu'on venait de faire dans le camp ennemi; parce qu'au moment de l'attaque ils avaient dû être occupés à rassembler les bagages. Il fit, en conséquence, publier par un héraut, que tous les pourvoyeurs eussent à se présenter sur le champ, et que s'il en manquait quelqu'un, le plus ancien de la tente vînt à sa place, menaçant du châtiment le plus rigoureux ceux qui ne paraîtraient pas. Les pourvoyeurs voyant que leurs maîtres eux-mêmes s'étaient soumis, se hâtérent d'obéir. Quand ils furent arrivés, Cyrus ordonna que ceux qui avaient dans leurs tentes, des vivres pour plus de deux mois, eussent a s'asseoir : puis les ayant comptés des yeux, il donna le même ordre a ceux qui n'avaient des vivres que pour un mois ; et presque tous se trouverent dans ce cas. S'etant instruit ainsi de l'etat des provisions qui restaient dans le camp : « Si vous craignez, leur dit-il, les mauvais traitements et que vous desiriez de mériter nos bonnes graces, ayez soin de preparer dans chaque tente, pour les maîtres et pour les valets, le double de ce que vous avez coutume de fournir chaque jour. faites en sorte que rien ne manque pour un bon repas ; car les vainqueurs quels qu'ils soient, arriveront incessamment, et ils exigeront, avec raison, qu'on satisfasse largement leurs besoins. Souvenez vous combien il vous importe qu'ils n'aient point a se plaindre de la reception qui leur sera faite. « Tous s'etant mis en devoir d'executer les ordres de Cyrus, il assembla ses capitaines et leur tint ce discours : « Mes amis, nous serions bien les maîtres de nous mettre a table, avant le retour de nos alliés, et de profiter des apprêts qui ont eté faits avec tant de soin. Mais, si je ne me trompe, ce repas nous serait moins profitable, que notre attention à montrer que nous n'oublions pas nos camarades absents ; et je doute qu'il contribuât autant a augmenter nos forces, que le peut faire l'affection de nos alliés. Si pendant qu'ils poursuivent nos ennemis, qu'ils les taillent en pieces, et que trouvant peut-être de la résistance, ils ont encore des combats a soutenir, nous paraissions assez indifferents sur ce qui les concerne, pour nous livrer au plaisir de la bonne chere, avant d'ètre informes de leur sort ; nous nous couvririons de honte, et nous aurions sujet de craindre de nous voir bientôt affaiblis par leur defection. Il me semble qu'en nous occupant d'eux, tandis qu'ils essuient et des fatigues et des dangers, de manière qu'à leur arrivée rien ne leur manque, nous nous préparerions à nous-mêmes un repas plus agréable que ne serait celui que nous ferions à présent, en cédant à notre appétit. Observez encore que quand nous ne leur devrions pas ces égards, il ne faudrait pas moins nous préserver des excès de la table : car bien loin que nous n'ayons plus rien à faire, nous sommes dans une position très critique, et qui exige un surcroît de vigilance. Les prisonniers que nous laissons en liberté dans le camp, sont en plus grand nombre que nous : il faut donc à la fois, et nous tenir en garde contre eux, et empêcher qu'ils ne nous échappent ; si nous voulons avoir des valets pour le service de l'armee. De plus, nous n'avons point ici notre cavalerie : nous ignorons où elle est : et nous ne sommes pas sûrs qu'à son retour elle veuille rester. De ces différents motifs, je conclus qu'il est à propos que chacun de nous boive et mange si sobrement, que nous puissions résister au sommeil, et conserver toute notre raison. Je sais encore qu'il y a dans le camp beaucoup de richesses, et qu'il ne tiendrait qu'à nous d'en detourner autant qu'ils nous plairait : quoique nos alliés qui nous ont aidé à nous en rendre maîtres, aient droit de les partager : mais j'ai peine à croire qu'il y eût plus a gagner pour nous à commettre cette infidélité, qu'à leur donner un témoignage de notre bonne foi, dont le prix sera, de leur part, un redoublement d'affection. Mon avis est qu'apres le retour des Medes, des Hyrcaniens et de Tigrane, nous leur abandonnions le soin du partage. Si notre part se trouvait la moins forte, cette inégalité même tournerait a notre avantage ; parce que celui qu'ils auraient trouvé a nous servir, les disposerait a demeurer plus volontiers avec nous. L'avidite nous procurerait des biens peu durables ; au lieu qu'en négligeant ces biens, pour nous emparer du pays qui les produit, nous nous assurerons, pour nous et pour les nôtres, une fortune plus solide, que nous transmettrons à notre posterite. Lorsque dans notre patrie on nous exerçait a réprimer la gourmandise et l'amour inconsideré du gain, on n'avait d'autre but, que de nous apprendre a vaincre dans l'occasion ces deux penchants : or, je ne pense pas que nous puissons jamais nous trouver dans des circonstances, où il fût plus à propos de mettre ces leçons en pratique. »

Ainsi parla Cyrus. Seigneur, répondit Hystaspe, l'un des Homotimes, il serait bien étrange qu'a la chasse nous eussions souvent le courage de nous priver de nourriture, pour courir apres un vil animal, et que quand il s'agit de poursuivre un bien solide et durable, nous fussions arrêtes par un penchant qui peut, à la vérite, tyranniser des lâches, mais dont les hommes courageux savent triompher ; je ne sache rien qui fût plus indigne de nous. Toute l'assemblée approuva ce que venait de dire Hystaspe, a l'appui du discours de Cyrus. Puisque nous sommes tous du même avis, ajouta le Prince, que chaque capitaine envoie, par escouade, cinq soldats des plus intelligents parcourir le camp, pour encourager par des eloges ceux qu'ils verront occupés a préparer les choses dont nous pourrons avoir besoin, et punir séverement, avec l'autorité d'un maître sur ses esclaves, ceux qu'ils trouveront oisifs. Les officiers exécutèrent l'ordre du général.

On vit arriver, sur ces entrefaites, quelques détachements Medes. Les uns ayant atteint dans la route des chariots charges de munitions, qui étaient partis du camp ennemi avant le jour, les avaient forces de retourner et les y ramenaient; les autres revenaient de même avec des chariots remplis de très belles femmes, soit épouses légitimes, soit concubines, que pour leur beauté les Assyriens menaient avec eux. C'est encore aujourd'hui la coutume des peuples de l'Asie, lorsqu'ils vont à la guerre; ils se font suivre de tout ce qu'ils ont de plus précieux : la presence, disent-ils, des objets qui nous sont chers, anime notre courage dans le combat, en nous faisant sentir la nécessité de les défendre vaillamment. Peut-être est-ce là leur véritable motif; peut-être aussi l'amour du plaisir y entre-t-il pour quelque chose. Cyrus en voyant ce qu'avaient fait les Medes et les Hyrcaniens, ressentit un mouvement de dépit contre lui-même et contre ceux qui l'entouraient : il était piqué que la bravoure des Perses, qui avaient été contraints de rester dans l'inaction, fût en quelque sorte effacée par celle des alliés, qui avaient fait un riche butin. Tous ceux qui amenaient quelque prise au camp, s'empressaient de la lui montrer, et retournaient aussitôt à la poursuite des ennemis, suivant l'ordre qu'ils disaient avoir reçu de leurs chefs. Quelque mortifié que fût Cyrus, à la vue des effets qu'on apportait, il eut soin de les faire ranger séparément. Ensuite il assembla de nouveau les capitaines, et s'étant placé dans un lieu d'où il pouvait être entendu de tous, il leur dit :

« Vous jugez comme moi, que si nous étions maîtres de tous les biens que la fortune nous offre, ils suffiraient pour enrichir la nation entière des Perses, et nous par préférence, puisque ce serait le fruit de nos travaux ; mais nous ne serons jamais assez forts pour nous en emparer, tant que nous manquerons d'un corps de cavalerie nationale. Examinez la manière dont nous sommes armés : elle peut être bonne pour mettre en déroute des ennemis, à qui nous aurons affaire de près : s'ils lâchent le pied, comment pourrons-nous avec de telles armes et sans chevaux atteindre, faire prisonniers, tuer des cavaliers, des archers, des soldats légèrement armés, des gens de trait, qui fuiront de toutes leurs forces ? Qui les empêchera de revenir fondre sur nous et de nous harceler, sachant que nous ne sommes pas plus à craindre pour eux, que des termes ? Aussi, on ne peut douter que la cavalerie auxiliaire ne compte avoir sur le butin autant et peut-être plus de droit que nous. Voila quelle est notre situation. N'est-il pas évident que si nous parvenons à nous procurer une cavalerie, qui ne soit point inférieure à celle de nos alliés, nous pourrons exécuter seuls les entreprises auxquelles nous les associons maintenant, et qu'ils en deviendront beaucoup moins avantageux ? Car lorsque nous serons en état de nous passer d'eux et de nous suffire à nous-mêmes, nous nous embarrasserons peu qu'ils veuillent rester, ou nous quitter. Ainsi, je ne doute pas que vous ne sentiez combien il nous importe tous d'avoir un corps de cavalerie nationale. Peut être trouverez-vous de la difficulté à le former ; examinons donc et les moyens que nous avons, et ce qui nous manque. On a pris dans le camp des Assyriens un grand nombre de chevaux, des freins pour les conduire et les autres harnais nécessaires : nous avons toutes les armes à l'usage de la cavalerie, des cuirasses pour couvrir le corps, des javelots, dont on peut se servir, soit en les lançant, soit en les tenant à la main. Que nous faut-il de plus? Des hommes? C'est ce qui nous manque le moins; car rien n'est plus à nous que nous-mêmes. Quelqu'un dira que nous sommes peu versés dans l'art de monter à cheval: j'en conviens, mais ceux qui excellent aujourd'hui dans cet art, n'en savaient pas plus que nous, avant de l'avoir appris. On m'objectera qu'ils s'y sont formés dans la jeunesse; moi, je demande si les enfants ont plus de disposition que les hommes faits pour apprendre ce qu'on leur enseigne et lesquels, des hommes faits ou des enfants sont les plus capables d'exécuter ce qu'ils ont appris. J'ajoute que nous avons plus de loisir, et plus de facilité pour nous exercer, que n'en ont les enfants et la plupart des autres hommes. Nous ne sommes point obligés, comme les enfants, d'apprendre à tirer de l'arc. nous le savons depuis longtemps, ni à lancer le javelot, nous le savons aussi; nous n'avons pas les mêmes entraves que la plupart des hommes, qui sont contraints. ceux-ci de cultiver la terre ou d'exercer différents métiers, ceux-là de veiller à leurs affaires domestiques. Pour nous, mes amis, nous ne sommes que soldats; nous le sommes par état et par nécessité. Au reste, il n'en est pas ici, comme de certaines pratiques militaires. dont l'utilité est si souvent balancée par la difficulté de l'exécution. N'est-il pas en effet, plus doux de voyager à cheval qu'à pied? N'est-il pas agréable de pouvoir, dans une occasion qui exige de la célérité, voler au secours d'un ami; de pouvoir atteindre à la course un animal, un homme? N'est-il pas commode de faire porter ses armes par son cheval? C'est les avoir sans cesse à la main.

On dira peut-être qu'il est à craindre que nous ne soyons forcés de combattre à cheval avant de savoir manier nos chevaux, et que nous ne soyons plus de bons fantassins sans être devenus de bons cavaliers. Il est encore facile de répondre à cette objection ; car nous serons libres de combattre à pied, quand nous le voudrons, et il n'y a pas d'apparence que les leçons d'équitation nous fassent oublier les manœuvres de l'infanterie. »

Lorsque Cyrus eut cessé de parler : « Seigneur, dit Chrysante, je brûle du désir de prendre ces leçons d'équitation ; je me figure qu'étant monté sur un cheval, je serai un homme ailé. Dans mon état actuel, quand il m'arrive de disputer de vitesse à la course avec quelqu'un, en partant tous deux du même terme, je m'estime heureux, si je puis le précéder seulement de l'épaisseur de la tête. Je suis content, si voyant un animal fuir devant moi, je parviens en courant à l'approcher d'assez près pour l'atteindre d'un javelot, ou d'une flèche avant qu'il soit trop éloigné. Quand je serai homme de cheval, je pourrai porter la mort à un ennemi, à quelque distance que je l'aperçoive. Si je poursuis des bêtes fauves, j'aurai la faculté de les joindre d'assez près, les unes pour les percer de la main, les autres pour les ajuster aussi sûrement que si elles étaient arrêtées ; car quelle que soit la rapidité de la course de deux animaux, lorsqu'ils s'approchent, ils sont l'un à l'égard de l'autre comme s'ils étaient immobiles. Entre les êtres animés, il n'y en a point à qui j'aie porté plus d'envie qu'aux Hippocentaures, s'il est vrai toutefois qu'ils aient existé. Ils avaient, dit-on, comme les hommes la faculté de raisonner et des mains pour agir ; ils avaient de plus la vitesse et la force du cheval, pour atteindre l'objet qui fuyait devant eux et le terrasser, s'il faisait résistance. En devenant cavalier, je réunirai ces differentes qualités; je me servirai de mon âme pour tout prévoir, de mes mains pour porter des armes, de la vitesse du cheval pour courir et de sa force pour renverser quiconque me résistera. D'ailleurs, je ne formerai pas, comme les Hippocentaures, un même corps avec mon cheval; ce qui vaut beaucoup mieux que d'y être inséparablement attaché par la nature. Je m'imagine que les êtres de cette espece ne pouvaient user de certaines commodités inventées par les hommes, ni jouir de certains plaisirs que la nature accorde aux chevaux. Pour moi, quand je serai devenu cavalier, je ferai, étant à cheval, tout ce que faisaient les Hippocentaures; mais a pied, je mangerai, je m'habillerai, je me coucherai, comme les autres hommes. Que serai-je donc alors? Un Hippocentaure, dont les parties peuvent être separées ou rejointes à volonté. J'aurai de plus sur l'Hippocentaure d'autres avantages; il n'avait que deux yeux pour voir et deux oreilles pour entendre; j'aurai quatre yeux pour observer et quatre oreilles pour écouter; j'ai ouï dire, en effet, que souvent le cheval voit et entend des choses qui echappent au cavalier, et qu'il l'en avertit. D'apres ces considérations, seigneur, je vous prie de m'inscrire au nombre de ceux qui désirent de devenir cavaliers. » Et nous aussi, s'ecrièrent les autres capitaines. Puisque tel est, reprit Cyrus, le vœu général, pourquoi ne pas déclarer par une loi, que ce sera désormais un deshonneur pour tout Perse à qui j'aurai fourni un cheval, d'être rencontré a pied, quelque peu de chemin qu'il ait à faire; c'est le moyen d'être pris pour de véritables Hippocentaures? La proposition de Cyrus fut accueillie avec acclamation; la loi passa, et de là est ne l'usage qui s'observe encore chez les Perses, que les plus distingués de la nation ne soient jamais vus marchant a pied, s'ils n'y sont forcés par quelque circonstance. Voilà ce qui se passa dans l'assemblée.

Peu apres le milieu du jour, les cavaliers Medes et Hyrcaniens revinrent, amenant avec eux des chevaux et quelques prisonniers; ils avaient laissé la vie à ceux qui avaient rendu les armes. Le premier soin de Cyrus, à leur arrivée, fut de s'informer si personne d'entre eux n'était blesse. Non, Seigneur, répondirent-ils. Il leur demanda ce qu'ils avaient fait; ils lui en rendirent compte et ne manquèrent pas de vanter chacune de leurs actions. Cyrus parut les écouter avec plaisir, et leur répondit par ce mot d'éloge: Il suffit de vous voir pour juger que vous vous êtes comportés en braves gens; vous avez l'air plus grand, plus noble et plus fier que vous ne l'aviez auparavant. Ensuite il les questionna sur le chemin qu'ils avaient fait, et sur la population du pays. Ils lui dirent qu'ils en avaient parcouru une grande étendue, qu'il était tres peuplé, rempli de brebis, de chèvres, de bœufs, de chevaux, de blé et de denrées de toute espèce. Nous avons donc, reprit Cyrus, deux choses à faire; nous rendre maîtres des possesseurs de tous ces biens, et les obliger a rester chez eux; un pays bien peuplé est une possession d'un grand prix; s'il est abandonne de ses habitants, il perd toute sa valeur. Vous avez tué ceux des ennemis qui ont tenté de se defendre, je le sais: vous avez bien fait; c'est le moyen d'assurer la victoire. Je sais encore que vous avez pris ceux qui ont mis bas les armes; mais je crois qu'il nous serait avantageux de les relâcher. Par là, nous nous délivrerons du soin de nous garder, de les garder eux-mêmes, de les nourrir; notre intention n'étant pas de les faire mourir de faim; et en les renvoyant, nous ne courrons pas le risque de manquer d'esclaves; car si nous nous emparons du pays, tous les habitants seront à nous. J'espère de plus que le reste de la nation, voyant que nous leur avons donné la vie et la liberté, aimera mieux demeurer dans ses foyers et obéir, que d'éprouver le sort des armes. Je vous ai dit mon avis; si quelqu'un en a un meilleur à proposer, qu'il parle.

L'avis ayant été unanimement adopté, Cyrus fit assembler les prisonniers, et leur dit: « Votre soumission vous a sauvé la vie; si vous continuez de vous conduire de même, il ne vous arrivera rien de fâcheux: vous n'aurez fait que changer de maîtres. Vous habiterez les mêmes maisons, vous cultiverez les mêmes champs, vous vivrez avec les memes femmes, vous aurez la même autorité sur vos enfants; seulement, vous ne pourrez plus dorénavant nous faire la guerre, ni à aucun autre peuple; si vous êtes insultés, nous combattrons pour vous. Afin même que vous ne puissiez etre forcés à prendre les armes, remettez entre nos mains celles que vous avez; quiconque les apportera jouira en pleine sécurite, de la paix et des autres biens dont je parle; au lieu que nous tournerons nos forces contre ceux qui refuseront de se désarmer. Si quelqu'un se donne à nous d'assez bon cœur, pour chercher à se rendre utile, par ses actions ou par ses conseils, nous le traiterons, non comme un captif, mais comme un ami à qui nous aurons obligation. Retenez bien ce que je vous dis, et l'annoncez à vos compatriotes. S'il s'en trouvait qui ne voulussent pas se soumettre à ce que nous exigeons, menez-nous vers eux, afin qu'ils apprennent que c'est à nous de donner la loi, non de la recevoir. » Ainsi parla Cyrus. Les prisonniers se prosternerent devant lui et promirent de se conformer a ce qu'il avait prescrit.

Lorsqu'ils furent partis, « Medes et Arméniens, dit Cyrus, il est temps que nous pensions a prendre notre repas. nous avons eu soin de faire préparer ce qui vous est necessaire; allez. Vous nous enverrez la moitie de la provision de pain; il y en a suffisamment pour nous tous: n'envoyez ni viande ni vin; nous en avons ce qu'il nous faut. Vous Hyrcaniens, conduisez-les aux tentes; vous donnerez les plus grandes aux chefs; vous savez où elles sont: les autres seront partagees aux soldats, de la maniere que vous jugerez la plus convenable. Allez ensuite souper a votre aise: vos tentes ne sont point endommagées: tout y est prêt comme dans les autres. Soyez sans inquiétude sur la garde des dehors du camp, pendant cette nuit; nous nous en chargeons, veillez seulement a celle du dedans, et comme nous ne pouvons encore compter sur l'affection des prisonniers qui sont dans les tentes, ayez vos armes auprès de vous. » Les Medes et les soldats de Tigrane voyant qu'en effet tout était prêt pour leur repas, allèrent se laver; puis ayant change d'habit, ils souperent. Les chevaux n'avaient point été oubliés; ils ne manquerent de rien. Les Medes et les Arméniens commencerent par envoyer aux Perses la provision de pain, sans y joindre ni vin, ni viande; parce que Cyrus les avait assurés que ses soldats en avaient abondamment; mais il n'avait voulu dire autre chose, sinon que la faim leur tenait lieu de bonne chere, et que l'eau du fleuve suffisait pour leur boisson. Lorsque les Perses eurent soupé, et que la nuit fut venue, le

Prince fit partir plusieurs détachements, les uns de cinq hommes, les autres de dix, avec ordre de se mettre en embuscade autour du camp, afin que personne n'y pût entrer, et qu'on arrêtât ceux qui voudraient en sortir avec du butin; comme il arriva effectivement. Plusieurs prisonniers ayant été saisis en cherchant à s'évader, Cyrus ordonna qu'on les fît mourir, et laissa l'argent qu'ils emportaient aux soldats qui les avaient pris. Il arriva de là qu'avec la recherche la plus exacte on n'aurait pas depuis rencontré un seul homme, qui tentât de s'enfuir pendant les ténèbres. C'est ainsi que les Perses passèrent cette nuit. Quant aux Mèdes, ils burent, mangèrent, danserent au son des flûtes, et se rassasièrent de plaisirs. On avait trouvé dans le camp tout ce qu'il fallait pour occuper agreablement des gens qui ne voulaient pas dormir.

Or, la nuit même du départ de Cyrus, Cyaxare, dans la joie que lui causait la victoire, s'était enivré avec ses courtisans. Comme il entendait un grand bruit, il ne doutait pas que presque tous les Mèdes ne fussent restes. Mais ce bruit était causé par les valets, qui avaient pris sur les Assyriens du vin et des vivres, et qui, profitant de l'absence de leurs maîtres, avaient bu outre mesure. Quand le jour parut, le roi, étonné que personne ne se présentât à sa porte, excepté ceux qui avaient soupé avec lui, et apprenant que les Mèdes avaient quitté le camp avec leurs cavaliers, sortit de sa tente et reconnut qu'on lui avait dit la vérité. Alors il entra dans une furieuse colère contre Cyrus et contre les Mèdes, qui s'en étaient allés et l'avaient laissé seul. Comme il était dur et violent, il ordonna aussitôt à un de ceux qui étaient auprès de lui de prendre quelques cavaliers, de courir après les troupes qui avaient suivi Cyrus, et de dire de sa part à ce prince : « Je ne croyais pas, Cyrus, que vous fussiez capable de me traiter si légerement, ni que vous, Mèdes, lui sachant le projet de m'abandonner, vous pussiez vouloir y concourir. Que Cyrus revienne, s'il veut ; mais vous, revenez en diligence. » Tel fut l'ordre de Cyaxare. Seigneur, dit l'envoyé, comment trouver les Medes? Comment a fait Cyrus et ceux qui l'accompagnent, répliqua le roi, pour trouver les Assyriens? J'ai ouï dire, répondit l'envoyé, que quelques Hyrcaniens, deserteurs de l'armée ennemie, sont venus ici et lui ont servi de guides. Cyaxare, plus irrité qu'auparavant contre le prince de ce qu'il ne l'avait point instruit de ce fait, n'en fut que plus ardent a rappeler ses troupes pour affaiblir l'armee de son neveu. Au premier ordre, il ajouta des menaces, tant pour les Mèdes qui ne reviendraient pas, que pour l'envoyé, s'il n'executait pas sa commission avec vigueur. Le Mede partit à la tête d'une centaine de cavaliers, tres affligé de n'avoir pas d'abord suivi Cyrus. Etant arrivés à un endroit où le chemin se partageait en plusieurs routes, ils en prirent une qui les égara, et ne parvinrent à joindre l'armee de Cyrus, qu'après avoir rencontré par hasard quelques Assyriens fugitifs, qu'ils obligerent de les conduire au camp : encore n'y arrivèrent-ils qu'au milieu de la nuit, à la faveur de la clarté des feux. Les gardes, conformément aux ordres du général, refuserent de les laisser entrer avant le jour. Dès qu'il parut, Cyrus fit appeler les mages et leur ordonna de choisir dans le butin les dons qu'il était à propos d'offrir aux Dieux, en reconnaissance de leur bienfaisante protection. Pendant que les mages exécutaient cet ordre, il convoqua les Homotimes et leur dit :

« Braves camarades, nous devons à l'assistance du ciel les richesses immenses que vous avez sous les yeux, mais nous sommes en trop petit nombre pour que nous puissions espérer de les conserver. D'un côté, si nous négligeons de veiller à la garde de ces biens acquis par nos travaux, ils échapperont bientôt de nos mains ; de l'autre, si nous laissons des troupes pour les défendre, nous diminuerons considérablement nos forces. Je suis donc d'avis que quelqu'un d'entre vous aille incessamment instruire les Perses de notre situation, et les prier de nous envoyer sans délai un renfort, s'ils veulent devenir maîtres de l'Asie et de tout ce qu'elle renferme. Vous, le plus âgé d'entre nous, partez : rendez-leur compte de l'état des choses : ajoutez que je me charge de fournir à la subsistance des soldats qu'ils m'enverront. Vous voyez les trésors que nous possédons : ne leur cachez rien. Au reste, il serait juste et digne de nous d'en faire passer une partie en Perse : demandez donc à mon père quelle portion il convient d'envoyer pour les Dieux ; demandez aux magistrats ce qu'il faut donner au peuple. Je désirerais qu'on députât vers nous quelques-uns de nos concitoyens, pour être témoins de ce qui se passe ici et pour répondre aux questions que nous pourrons leur faire. Allez vous préparer, et prenez une escouade qui vous servira d'escorte. » Cyrus fit ensuite appeler les Mèdes. L'envoyé de Cyaxare parut au milieu d'eux. Il parla publiquement de la colère de son maître contre Cyrus : il rendit compte des ordres menaçants dont il était chargé, et finit par déclarer que Cyaxare leur enjoignait expressément de retourner vers lui, quand même

Cyrus s'obstinerait à rester. Les Médes, frappés des paroles de l'envoyé, demeurerent dans un profond silence : ils n'avaient point de prétexte pour se dispenser d'obéir au roi qui les rappelait, mais, le connaissant pour un maître impitoyable, ils craignaient d'éprouver, même en obéissant, l'effet de ses menaces. Cyrus prit la parole : « Medes, dit-il, et vous, envoyé de leur roi, je ne suis point surpris que Cyaxare, se voyant attaqué par une foule d'ennemis et ignorant nos succes, tremble pour nous et pour lui. Lorsqu'il saura qu'une grande partie des Assyriens a perdu la vie et que le reste est en fuite, d'abord il cessera de craindre, puis il reconnaîtra qu'il n'a pas dû croire que ses amis l'eussent abandonné, tandis qu'ils s'occupaient à détruire ses ennemis. Eh ! quelle raison aurait-il de se plaindre de nous. qui le servons si bien et qui étions autorisés dans notre entreprise par son consentement? Lui-même m'a permis, sur la proposition que je lui en ai faite, de vous emmener avec moi : de votre côté, vous n'avez point demandé à partir comme des gens qui auraient desiré de le quitter : vous êtes venus ici sur la permission générale qu'il avait donnée à tous ceux qui voudraient me suivre. Je suis convaincu que notre bonne fortune le calmera, et qu'en cessant de craindre, il cessera d'être en colere. S'adressant ensuite à l'envoyé : Vous devez, lui dit-il, être fatigué : allez vous reposer. Nous, Perses, comme nous avons lieu de présumer que les ennemis ne tarderont pas à paraître, ou pour nous attaquer, ou pour nous assurer de leur soumission, mettons-nous en bataille, dans le meilleur ordre : cet appareil imposant peut hâter la réussite de nos desseins. Vous, chef des Hyrcaniens, ordonnez à vos officiers de faire prendre les armes a leurs soldats. »

L'Hyrcanien, ayant fait ce qui lui était prescrit, vint rejoindre Cyrus, qui lui dit : « Je vois avec plaisir que votre conduite nous donne a la fois des preuves et de votre amitie pour nous, et de votre intelligence. Il est manifeste que nous avons aujourd'hui les mêmes intérêts : si les Assyriens sont mes ennemis, ils sont maintenant encore plus les vôtres. Ainsi, nous devons agir de concert, tant pour empêcher qu'aucun de nos alliés ne nous abandonne, que pour nous en procurer de nouveaux, s'il est possible. Vous avez entendu que l'envoyé de Cyaxare rappelle la cavalerie mède : si elle nous quitte, comment tiendrons-nous dans le pays ennemi, n'ayant que de l'infanterie? Faisons donc en sorte, vous et moi, que cet envoyé qui est venu pour emmener les siens, souhaite lui-même de rester avec nous. Marquez-lui d'abord une tente très commode, où il ait abondamment toutes les choses dont il peut avoir besoin; je tâcherai de lui donner quelque emploi qui lui soit assez agréable pour le faire renoncer au projet de retourner en Médie. Parlez-lui des richesses qui nous attendent, nous et nos alliés, et qui ne peuvent nous échapper que par notre faute. Quand vous vous serez acquitté de cette commission, revenez me trouver. »

Pendant que l'Hyrcanien conduisait l'envoyé de Cyaxare à la tente qu'il lui destinait, le Perse qui avait eu ordre d'aller dans son pays, étant prêt à partir, se présenta devant Cyrus. Le Prince lui recommanda, de nouveau, de rendre compte à ses compatriotes de ce qu'il venait de lui dire, et le chargea d'une lettre pour Cyaxare. Je veux vous la lire, ajouta-t-il, afin que vous soyez instruit de ce qu'elle contient, et que vous vous y conformiez dans vos réponses aux questions qu'on pourra vous faire. La lettre était conçue en ces termes.

« Cyrus à Cyaxare, salut. Nous ne vous avons point abandonné; on ne peut pas se dire abandonné de ses amis, dans le temps même où par leur courage on triomphe de ses ennemis. Bien loin que notre départ vous ait exposé à aucun danger, nous croyons vous en avoir préservé d'autant plus sûrement, que nous nous sommes éloignés de vous à une plus grande distance. Ce n'est pas en restant oisifs auprès de ses amis, qu'on pourvoit à leur sûreté : c'est en repoussant leurs ennemis le plus loin qu'il est possible, qu'on les met à l'abri du péril. Considérez, je vous prie, vous qui vous plaignez, quelle a été ma conduite envers vous, et quelle est la vôtre envers moi. Je vous ai amené des auxiliaires, moins, à la vérité, que vous n'en demandiez, mais autant que j'en ai pu rassembler. Pendant que j'étais sur les terres de votre obeissance, vous m'avez permis d'emmener ceux de vos soldats que je pourrais engager à me suivre; maintenant que je suis dans le pays ennemi, vous rappelez auprès de vous, non pas seulement ceux qui souhaiteraient de s'en retourner, mais tous les Mèdes, sans exception. J'avais compté partager ma reconnaissance entre vous et vos sujets; vous me forcez à ne vous y donner aucune part, et à la réserver tout entière pour ceux qui ont bien voulu m'accompagner. Je ne puis néanmoins me résoudre à vous imiter : je viens de dépêcher quelqu'un en Perse, pour y solliciter un nouveau renfort; et j'ordonne que les troupes qui seront destinées à venir joindre mon armée, commencent par savoir si elles peuvent vous être utiles, en sorte que vous puissiez en disposer à votre gré, sans les consulter. Quoique plus jeune que vous, je hasarderai de vous donner des conseils. Ne retirez jamais le don que vous aurez fait, si vous ne voulez pas que l'inimitié prenne la place de la reconnaissance. Lorsque vous désirerez qu'on se rende promptement auprès de vous, que votre ordre ne soit jamais accompagné de menaces : gardez-vous surtout d'en faire à une multitude d'hommes réunis, en même temps que vous vous plaindrez qu'ils vous ont laissé seul; de peur de leur apprendre à mépriser votre courroux. Au reste, nous tâcherons de vous rejoindre, dès que nous aurons exécuté des projets, dont la réussite sera également avantageuse et pour vous et pour nous. Portez-vous bien. » Remettez cette lettre à Cyaxare, continua Cyrus; et s'il vous questionne sur quelque point, répondez conformement à ce que je lui écris; vous vous conduirez de même avec les Perses. Après avoir instruit son envoyé, il lui donna la lettre, et le fit partir, en ajoutant : Comme vous savez de quelle conséquence il est que vous soyez bientôt de retour, je vous recommande la plus grande diligence.

Déjà les Hyrcaniens et les soldats de Tigrane étaient sous les armes, ainsi que les Perses. Tandis que Cyrus considérait leur ordonnance, on vit arriver quelques habitants du voisinage, qui amenaient des chevaux et qui apportaient leurs armes. Cyrus ordonna qu'on jetât les javelots dans le même lieu où les ennemis qui s'étaient rendus précédemment, avaient déposé les leurs; qu'on les brûlât, et qu'on en réservât seulement la quantité dont pourraient avoir besoin les soldats chargés de cette exécution. A l'égard des chevaux, il commanda que ceux qui les avaient amenés demeurassent dans le camp pour les garder, et qu'ils y attendissent ses ordres. Ayant ensuite appelé les chefs de la cavalerie Mede et ceux des Hyrcaniens :

« Braves amis, généreux alliés, leur dit-il, ne soyez point surpris si je vous assemble souvent : notre situation présente est nouvelle pour nous, et il n'a pas encore été possible de mettre ordre à tout. Cette confusion, qui subsiste nécessairement jusqu'a ce que chaque chose soit mise a sa place. produit toujours beaucoup d'embarras. Nous avons fait un butin immense et un grand nombre de prisonniers; mais comme aucun de nous ne sait ce qui lui appartient dans ces prises, et que chacun de nos prisonniers ignore quel est son maître, il y en a tres peu qui s'acquittent de leur devoir; presque tous sont incertains de ce qu'on exige d'eux. Pour remédier à ce désordre, je vous exhorte à faire le partage du butin. Ceux d'entre nous qui se trouvent logés dans des tentes bien pourvues de vivres, de vin, de serviteurs, de lits, de vêtements, en un mot, de tous les ustensiles necessaires pour camper commodément. n'ont besoin de rien de plus : il leur suffit de savoir qu'ils doivent regarder dorénavant tous ces effets comme leur bien propre. Si vous voyez que quelqu'un ait une tente denuée de la plupart des commodités dont je viens de parler, ayez soin de suppleer ce qui manque. Je ne doute pas qu'apres cette distribution vous n'ayez encore bien des choses de reste; car les ennemis en avaient beaucoup plus qu'il n'en faut pour une armée aussi peu nombreuse que la nôtre. D'ailleurs, les trésoriers tant du roi d'Assyrie, que des autres princes ses allies, sont venus m'avertir qu'ils avaient dans leurs caisses, de l'or monnoyé, provenant de certains tributs dont ils m'ont parlé. Faites-les sommer par un crieur de vous l'apporter dans le lieu que vous leur indiquerez, sous des peines capables d'intimider quiconque refuserait d'obéir. Lorsque cet argent sera entre vos mains, vous le partagerez de façon que le cavalier ait le double du fantassin : par là, vous aurez tous de quoi satisfaire à vos besoins et acheter ce qui pourrait vous manquer. Faites encore publier une défense expresse de troubler le marché du camp; afin que les vivandiers et les marchands puissent exposer en sûreté leurs denrées, les vendre, en apporter d'autres, et que notre camp soit fréquenté. »

On s'empressa de suivre le conseil du général. Mais, dirent les Mèdes et les Hyrcaniens, comment pourrons-nous faire ce partage, sans que vous y soyez présents, vous et vos Perses? Pensez-vous, répondit Cyrus, qu'il ne se doive rien faire que l'armée entière n'y prenne part? N'est-ce pas assez que nous nous chargions, quand les circonstances l'exigent, d'agir seuls pour vos intérêts? Pourquoi n'agiriez-vous pas aussi quelquefois sans nous? Ce serait bien là le moyen de multiplier les embarras, et d'avancer fort peu nos affaires. Considérez que nous avons gardé le butin et que vous l'avez trouvé très bien gardé : chargez-vous, à votre tour, de la distribution; et nous la trouverons très bien faite : dans toute autre occasion, nous nous joindrons à vous, pour concourir ensemble au bien commun. Présentement, ajouta-t-il, comptez les chevaux que nous avions, et ceux qu'on nous amène : si nous les laissons oisifs, loin d'être pour nous une ressource, ils nous seront à charge, par le soin qu'il en faudra prendre ; mais si nous les employons à monter des cavaliers, nous

nous délivrerons à la fois de ce soin, et nous augmenterons nos forces. Si vous voulez les donner a d'autres, avec qui vous aimeriez mieux courir les hasards de la guerre qu'avec nous, vous en pouvez disposer en leur faveur : si vous preferez de nous avoir pour compagnons, donnez-les-nous. Pendant que vous etiez sans nous a la poursuite des ennemis, nous avons craint qu'il ne vous arrivât quelque accident fâcheux, et nous avions honte de ne pouvoir partager avec vous le danger. Il n'en sera pas de même quand nous aurons des chevaux : nous vous accompagnerons partout. Si vous jugez que nous vous soyons plus utiles, etant a cheval, je me flatte que notre ardeur ne vous laissera rien à désirer : si vous nous croyez plus propres a vous bien seconder en combattant a pied, nous serons bientôt descendus et devenus fantassins : nous aurons pour ces occasions des gens qui garderont nos chevaux Seigneur, repondirent les Medes et les Hyrcaniens, nous n'avons personne à qui nous destinions ces chevaux; et quand nous aurions eu l'intention de les donner, nous y renoncerions pour nous conformer a votre volonte : prenez-les et faites en l'usage qu'il vous plaira. Je les accepte, dit Cyrus, nous serons donc désormais cavaliers. Puisse ce changement tourner a notre plus grand bien ! Partagez, ajouta-t-il, le butin qui reste en commun : mettez premierement a part pour les Dieux, ce que les mages indiqueront; puis choisissez pour Cyaxare ce qui vous paraîtra lui devoir être le plus agréable. Il faut, s'écrierent-ils, en riant, lui choisir de belles femmes. Des femmes, soit, repartit Cyrus, et toute autre chose encore, si vous le jugez à propos. Je vous recommande, à vous, Hyrcaniens, de faire ensorte que les Medes, qui m'ont suivi de leur bon gré, n'aient point sujet de se plaindre, et à vous, Mèdes, de traiter les Hyrcaniens, nos premiers alliés, avec une telle distinction qu'ils s'applaudissent d'avoir recherché notre amitie. Admettez au partage l'envoyé de Cyaxare et ceux qui l'accompagnent; tâchez de l'engager lui-même à demeurer avec nous: dites-lui que je serai fort aise qu'il ait le temps de s'instruire en détail de l'état de nos affaires; afin qu'il en puisse rendre un compte plus exact au roi. Pour mes Perses, ils se contenteront de ce que vous aurez de trop, après vous être abondamment pourvus. Notre éducation rustique nous a préparés a n'etre pas délicats : certainement, vous ne pourriez, sans rire, voir entre nos mains quelque chose de précieux; mais quand nous serons à cheval, nous vous donnerons peut-être un autre sujet de rire, et bien plus encore, quand nous serons à terre.

Les Mèdes et les Hyrcaniens quittèrent Cyrus, pour aller faire le partage du butin, riant de sa plaisanterie sur les nouveaux cavaliers. Le Prince ayant appelé les capitaines Perses : Prenez, leur dit-il, ces chevaux; emmenez aussi les palefreniers avec leurs outils; vous ferez de ce butin autant de parts égales qu'il y a de compagnies, et vous distriburez à chacune le lot que le sort lui adjugera. Ensuite il ordonna qu'on publiât dans le camp que s'il se trouvait parmi les prisonniers Assyriens, Syriens ou Arabes, quelques esclaves nés en Medie, en Perse, dans la Bactriane, en Carie, en Cilicie, en Grece ou dans quelque autre pays, d'où ils auraient été enlevés par force, ils eussent à se présenter. On en vit bientôt accourir un grand nombre. Cyrus ayant choisi ceux qu'il trouva les mieux faits, leur dit qu'en recouvrant la liberté, ils s'engageaient à porter les armes qu'il allait leur donner, et que de son côté, il aurait soin de pourvoir à tous leurs besoins. Il les mena lui-même aux capitaines Perses : il recommanda qu'on fournît à ces nouveaux soldats de petits boucliers et des épées légères, afin qu'ils pussent avec cette armure suivre la cavalerie; et qu'on leur distribuât la même portion de vivres qu'aux soldats Perses. Il ordonna de plus aux officiers de ne marcher jamais qu'à cheval, armés de la pique et de la cuirasse, comme il leur en donnait l'exemple, et de choisir parmi les Homotimes, d'autres chefs pour commander à leur place ceux de la même classe qui n'auraient point de chevaux.

On était occupé de ces divers changements, lorsqu'on vit arriver à cheval un vieillard Assyrien, nommé Gobryas, suivi d'une troupe de cavaliers avec leurs armes. Les soldats préposés pour recevoir celles des ennemis qui viendraient se rendre, demandèrent aux cavaliers leurs piques, afin qu'on les brûlât, comme on en avait déjà brûlé beaucoup d'autres. Gobryas répondit qu'auparavant il désirait voir le général. On le conduisit à Cyrus, mais sans son escorte, qu'on fit rester à l'entrée du camp. Dès qu'il fut en présence du Prince : « Seigneur, lui dit-il, je suis Assyrien; je possède un château très fort, et je commande dans une vaste étendue de pays. Je fournissais au roi d'Assyrie environ mille chevaux : j'étais plus attaché que personne à ce bon et vertueux prince : il est tombé sous vos coups; et son fils, mon plus mortel ennemi, lui a succédé. Je viens, en suppliant, me jeter à vos genoux : je me donne à vous, pour être ou votre sujet ou votre allié : mais vengez-moi; c'est tout ce que je vous demande. Autant qu'il est en mon pouvoir, je vous adopte pour mon fils : car je n'ai plus de fils.

J'en avais un seul, seigneur, aussi estimable pour ses qualites, qu'aimable pour sa figure : il m'aimait, il me respectait, il avait pour moi tous les sentiments qui peuvent faire le bonheur d'un père. Le roi défunt l'avait mandé pour lui donner sa fille en mariage : en le laissant partir, j'étais flatté de l'idée que je le reverrais gendre du roi. Un jour, le prince qui regne aujourd'hui, invita mon fils à une partie de chasse; et comme il s'estimait beaucoup plus adroit à cheval, il lui laissa toute liberté de chasser à sa volonté : mon fils croyait être avec un ami. Un ours parut : tous deux se mettent à le poursuivre : le prince lui lance son dard, et le manque : plût aux Dieux qu'il ne l'eût pas manqué ! mon fils lance le sien (il n'aurait pas dû le faire), et abat l'animal. Le prince en fut piqué, et cependant dissimula sa jalousie.

Un instant apres, on rencontre un lion; le prince le manqua pareillement, ce qui n'est pas extraordinaire a la chasse. Mon fils ajustant plus sûrement son coup, atteignit le lion et s'écria : De la même main j'ai lancé deux dards et tous les deux ont porté. A ces mots le prince barbare, ne pouvant plus contenir sa fureur jalouse, arracha un javelot des mains de quelqu'un de sa suite et l'enfonçant dans le sein de mon fils, de mon cher fils, de mon fils unique, il lui ôta la vie. Malheureux pere, au lieu d'emmener un jeune époux, j'emportai un cadavre; et à mon âge je mis dans le tombeau le meilleur, le plus aimé des fils, dont les joues commençaient à peine à se couvrir d'un léger duvet. On eût dit que son assassin s'était défait d'un ennemi; il ne témoigna ni repentir, ni regret : il ne rendit, en expiation de son horrible forfait, aucun honneur à la mémoire du mort. Le roi me plaignit et se montra sensible à mon malheur. S'il vivait encore, vous ne me verriez pas implorer votre secours contre lui; j'en avais reçu autant de temoignages de bonté, que je lui avais donne de preuves de mon attachement. Il ne serait pas possible que je conservasse les mêmes sentiments pour le meurtrier de mon fils, qui est a present sur le trône; et lui ne pourra jamais me regarder comme son ami. Il n'ignore pas quelle doit être la disposition de mon âme à son egard; il sait qu'avant son crime je vivais heureux, et que maintenant, privé de mon fils, je traîne dans les larmes une douloureuse vieillesse. Mais, Seigneur, si vous me recevez dans votre alliance et que vous me donniez quelque esperance de venger la mort de ce fils cheri, je croirai renaître; je vivrai sans honte et mourrai sans regret. »

Cyrus repondit a Gobryas : Si votre cœur ne dement point ce que vous venez de dire, je vous reçois volontiers comme suppliant, et je vous promets qu'avec l'aide des Dieux je vous vengerai de l'assassin de votre fils. Mais si nous vous accordons ce que vous demandez et que nous vous laissions vos forteresses, vos terres, vos armes et l'autorite que vous avez exercee jusqu'a present, que ferez-vous pour nous ? A votre premier ordre, dit Gobryas, je vous livrerai mes châteaux; ils seront a vous : je vous payerai pour mes terres le même tribut que je payais au roi d'Assyrie; lorsque vous entreprendrez quelque expédition, je vous accompagnerai avec toutes les forces de mon pays. J'ai de plus une fille nubile que j'aime tendrement, et que j'esperais, en l'elevant, voir un jour l'épouse de celui qui regne aujourd'hui en Assyrie; elle-même, seigneur, est venue, fondant en larmes, me conjurer de ne pas la mettre entre les mains du meurtrier de son frère; eh, j'en étais bien eloigné : je la remets entre les vôtres. Souffrez que je vous demande pour elle les memes sentiments que vous me voyez dejà pour vous. A ces conditions, reprit Cyrus, en lui tendant la main et prenant la sienne, je vous donne ma foi, je reçois la vôtre; que les Dieux en soient témoins. Ce traite étant conclu : Vous pouvez, dit le Prince a Gobryas, vous en retourner avec vos armes; dites-moi seulement à quelle distance d'ici est votre forteresse. Cyrus se proposait d'y aller. Seigneur, repondit l'Assyrien, en vous mettant demain matin en route, vous pourrez le jour suivant y venir passer la nuit avec nous. Sur cela, Gobyras partit, laissant un guide pour conduire le Prince.

Les Medes étaient revenus joindre Cyrus, apres avoir delivré aux Mages ce qu'ils avaient eux-mèmes marque comme devant être réservé pour les Dieux. Ils avaient mis à part pour Cyrus une tente magnifique, une femme Susienne, la plus belle dit-on, qui fût dans toute l'Asie, et deux excellentes musiciennes. Ils avaient ensuite choisi dans ce qui restait de plus précieux, de quoi faire un présent a Cyaxare; puis, comme ils avaient en abondance des effets de toute espece, ils s'étaient largement pourvus de ceux dont ils avaient le plus de besoin, afin de n'en point manquer pendant la campagne. Les Hyrcaniens ne s'étaient pas oublies, et l'envoye de Cyaxare avait éte admis a partager également avec ses compatriotes. Enfin, les tentes qui restaient furent données a Cyrus, pour l'usage des Perses. Quant à l'argent monnayé, on en remit la distribution au temps où le tout aurait été ramassé.

Cette operation finie, Cyrus ordonna que le présent destiné pour Cyaxare fût confié à la garde de quelques-uns des Mèdes qu'on savait lui être plus particulièrement attachés, et adressant à tous la parole : J'accepte de bon cœur, dit-il, les choses que vous m'avez offertes ; elles seront toujours à la disposition de quiconque en voudra user. Seigneur, dit un Mède passionné pour la musique, hier au soir j'entendis chanter vos deux musiciennes ; elles m'ont fait un plaisir infini ; si vous m'en donniez une, le séjour du camp me serait beaucoup plus agréable que celui de ma maison. Je vous la donne, répondit Cyrus, et je vous ai plus d'obligation de me l'avoir demandée, que vous ne m'en aurez de l'avoir obtenue, tant j'ai à cœur de vous rendre tous contents. Le Mède s'empara de la musicienne et l'emmena.

LIVRE CINQUIÈME

Cyrus fit appeler Araspe : c'était un jeune Mède, son ami depuis l'enfance, à qui il avait donné sa robe médique, quand il quitta la cour d'Astyage pour retourner en Perse : il le mandait pour lui confier la garde de la femme et de la tente dont je viens de parler. Cette femme était l'épouse d'Abradate, roi de la Susiane. Dans le temps où les Perses s'emparèrent du camp des Assyriens, Abradate n'y était point : le roi d'Assyrie lui connaissant des liaisons d'hospitalité avec le roi de la Bactriane, l'avait envoyé en ambassade vers ce prince pour solliciter son alliance. Cyrus chargea donc Araspe de garder la princesse jusqu'à ce qu'il la redemandât. Seigneur, lui dit Araspe, en recevant cette commission, avez-vous vu la femme dont vous m'ordonnez de prendre soin? Non, répondit Cyrus. Et moi, reprit Araspe, je l'ai vue, lorsque je l'ai choisie pour vous. En entrant dans sa tente, nous ne la distinguâmes pas d'abord : elle était assise à terre, entourée de ses femmes et vêtue comme elles. Mais ensuite, lorsque voulant savoir laquelle était la maîtresse, nous les eûmes regardées toutes avec attention, quoiqu'elle fût assise, qu'elle eût la tête recouverte d'un voile et les yeux baissés, nous remarquâmes une grande différence entre elle et les autres. Nous la priâmes de se lever. Ses femmes se leverent en même temps : elle les surpassait toutes par la hauteur et l'élégance de sa taille, par la noblesse de son port, dont la simplicite de ses vêtements ne lui faisait rien perdre, et par la grâce de toute sa personne. Sa robe etait baignée de ses larmes, qui coulaient jusqu'à ses pieds. Alors le plus âgé d'entre nous lui adressant la parole. Rassurez-vous, lui dit-il : quelque opinion que nous ayons des grandes qualités dont votre époux est doué, nous ne craignons pas de vous dire que celui à qui nous vous destinons, ne lui cede ni en beauté, ni en esprit, ni en puissance. Oui, si quelqu'un mérite d'exciter l'admiration, c'est Cyrus, à qui vous appartiendrez desormais. A ces mots, elle déchira le voile qui couvrait sa tête, en poussant des cris lamentables, auxquelles ses femmes mêlerent les leurs. Ce désordre nous ayant laissé voir la plus grande partie de son visage, son cou, ses mains, nous jugeâmes qu'il ne fut jamais en Asie une mortelle aussi parfaitement belle : mais, seigneur, vous la verrez. Non, dit Cyrus, je m'en garderai bien, si elle est telle que vous la depeignez. Pourquoi, reprit Araspe? Par la raison, répliqua Cyrus, que si dans un temps où d'autres soins m'appellent, je me laissais persuader de la voir, au seul éloge que vous faites de sa beauté, je craindrais qu'elle-même ne me persuadât plus aisement encore de la revoir, et que je n'en vinsse a negliger les affaires dont je dois m'occuper, pour me livrer uniquement au plaisir de la regarder. Pensez-vous, seigneur, repartit Araspe en riant, que la beaute soit assez puissante pour contraindre un homme à faire malgre lui quelque chose de contraire à son devoir? Si la beauté avait par elle-même ce pouvoir, elle l'exercerait egalement sur tous les hommes. Voyez le feu, il brûle également tous ceux qui l'approchent, parce qu'il est de sa nature de brûler. Quant aux belles personnes, les uns en deviennent amoureux, les autres les voient sans en être touches; d'ailleurs, autant d'hommes, autant de goûts differents. L'amour depend de la volonté; on aime qui l'on veut aimer. Le frere n'est point amoureux de sa sœur, ni le pere de sa fille, et toutes deux ont d'autres amants; de plus, la crainte et les lois peuvent réprimer l'amour. Mais si on publiait une loi qui defendît d'avoir faim quand on a besoin de manger, d'avoir soif quand on est altéré, d'avoir froid l'hiver et chaud l'ete, nulle puissance ne serait capable de la faire observer parce qu'il est dans la nature de l'homme d'être assujetti a ces differentes sensations. L'amour, au contraire, est soumis à la volonté; chacun attache librement son affection aux objets qui lui plaisent, de meme qu'on aime de préference tel vêtement, telle chaussure.

Si l'amour est volontaire, répliqua Cyrus, comment se fait-il qu'on ne soit pas le maître de cesser d'aimer, quand on le veut? J'ai vu des gens pleurer de la douleur que l'amour leur causait, et neanmoins servir en esclaves l'objet de leur passion, eux qui, avant que d'aimer, regardaient la servitude comme un des plus grands maux; je les ai vus donner avec prodigalité des choses dont ils auraient voulu ne pas se priver, et désirer d'être délivrés de leur amour comme d'une maladie, sans pouvoir se guérir. Ils étaient liés par je ne sais quelle fatalité, plus forte que ne seraient des chaînes de fer. En un mot, les amants sont autant d'esclaves de la personne qu'ils aiment, quoique souvent ils aiment en vain; et malgré les tourments qu'ils eprouvent, loin de faire des efforts pour se soustraire par la fuite à son empire, ils craignent sans cesse qu'elle ne leur échappe. Ce que vous dites est vrai, repartit Araspe; mais les gens dont vous parlez sont des lâches : peut-être même se croient-ils assez malheureux pour désirer de mourir, et bien qu'il y ait mille moyens de sortir de la vie, ils n'ont pas le courage de la quitter. C'est avec un semblable caractère qu'on succombe au désir de voler et de s'emparer du bien d'autrui. Cependant, quand quelqu'un a fait un vol, soit par adresse, soit avec violence; vous-même, vous le savez, vous êtes le premier à lui en faire un crime, et vous le punissez sans miséricorde, parce qu'il n'était point nécessité à voler. J'en dis autant de la beauté : elle n'attire point nécessairement à soi les hommes pour les forcer à aimer et ne les entraîne pas à des actions injustes. Sans doute il y a des hommes vils et méprisables, que leurs passions maîtrisent, et qui mettent leur faiblesse sur le compte de l'amour; mais les hommes honnêtes et vertueux, quelque désir qu'on leur suppose d'avoir en leur possession de l'or, de bons chevaux, de belles femmes, sauront toujours s'en passer, tant qu'ils ne pourront se les procurer que par une injustice. Ainsi, ajouta-t-il, quoique j'aie vu la belle Susienne et qu'elle m'ait paru charmante, je n'en suis pas moins ici à cheval aupres de vous; je ne remplis pas moins exactement tous mes devoirs. Cela est vrai, dit Cyrus; peut-être vous êtes-vous trop tôt éloigné d'elle et avant le temps qu'il faut à l'amour pour prendre un homme dans ses filets. Pour moi, quoique je sache qu'on ne se brûle pas pour toucher légerement le feu, que le bois ne s'enflamme pas aussitôt qu'on l'allume, je ne m'expose néanmoins ni à toucher le feu, ni à regarder une belle personne. Je ne vous conseillerais pas, mon cher Araspe, de donner plus de liberté à vos yeux, car il y a même cette différence, entre le feu et la beauté: que le feu ne brûle qu'autant qu'on le touche, et que la beauté agit assez puissamment sur ceux qui la regardent pour les enflammer de loin. Ayez, Seigneur, reprit Araspe, meilleure opinion de moi : quand je ne cesserais de contempler la belle captive, je n'aurai jamais la faiblesse de me laisser séduire au point de rien faire qu'on puisse me reprocher. A la bonne heure, dit Cyrus, gardez-la donc comme je vous l'ai recommandé; ayez-en grand soin, il peut survenir dans la suite quelque occasion où il nous sera utile de l'avoir en notre puissance. Apres cette conversation, ils se séparerent.

Le jeune Mede continuant de voir assidûment la belle Susienne, découvrit bientôt en elle les plus excellentes qualités : il remarqua que s'il avait du plaisir a lui rendre des soins, elle les recevait avec sensibilité, et qu'elle-même lui en rendait à son tour. Quand il entrait dans sa tente, des esclaves, par l'ordre de leur maîtresse, prévenaient tous ses besoins; s'il était malade, rien ne lui manquait. Ces attentions réciproques produisirent l'effet qu'on en devait naturellement attendre : Araspe fut surpris par l'amour.

Cependant Cyrus qui souhaitait que les Mèdes et les autres alliés demeurassent avec lui par leur propre inclinaison, convoqua les principaux d'entre eux, et leur parla en ces termes : « Medes et vous fidèles alliés, qui êtes presents, je n'ai point oublié quels motifs vous porterent à me suivre ; ce ne fut ni l'amour de l'argent, ni l'envie de servir Cyaxare : c'est par attachement pour moi et dans la vue de contribuer à ma gloire que vous avez bien voulu partager avec nous les fatigues d'une marche de nuit et les dangers que nous allions chercher.

« Je nè pourrais sans injustice me dispenser de la reconnaissance que je vous dois : malheureusement, je ne suis pas encore en état de vous la témoigner, comme vous le méritez. Je ne rougis pas de l'avouer ; mais je rougirais d'ajouter que si vous demeurez avec moi, je saurai bien m'acquiter : j'aurais peur de paraître ne vous faire cette promesse que pour vous déterminer à rester plus volontiers. Je me bornerai donc à vous dire que dans le cas où vous me quitteriez pour obéir à l'ordre de Cyaxare, si je fais quelque entreprise heureuse, je me conduirai de façon que vous applaudirez vous-mêmes à mes succes, car mon intention n'est pas de m'en retourner. Je suis lié aux Hyrcaniens par la foi que je leur ai jurée : je serai fidèle à ma parole et ne m'exposerai point au reproche de les avoir trahis. Je dois d'ailleurs faire en sorte que Gobryas, qui nous livre ses forteresses, ses Etats, ses troupes, ne se repente point d'avoir recherché notre amitié. Une raison plus puissante encore me retient ici : je craindrais de me couvrir de honte et surtout d'offenser les Dieux, si par une re traite imprudente j'abandonnais les biens qu'ils nous prodiguent. Je suis détermine a rester. Vous êtes les maîtres de faire ce qu'il vous plaira; dites-moi seulement quel parti vous prenez. »

Le Mede, qui autrefois s'était dit parent de Cyrus, lui répondit le premier : « Seigneur roi, je vais vous exposer mes vrais sentiments : je vous donne ce titre ajouta-t-il, parce qu'il me semble que la nature ne vous a pas moins fait pour être roi que le chef des abeilles, qui naît dans une ruche pour les gouverner. Les abeilles lui obeissent constamment et ne l'abandonnent jamais : s'il demeure dans la ruche, aucune ne s'eloigne : s'il en sort, toutes l'accompagnent, tant elles lui sont naturellement attachées. Les hommes que vous voyez, seigneur, sont retenus aupres de vous par le même attrait. Quand vous partîtes de la Médie pour aller en Perse, qui d'entre nous, jeune ou vieux, chercha des prétextes pour ne pas vous suivre, jusqu'au moment où Astyage nous rappela? Lorsqu'ensuite vous êtes revenu de la Perse à notre secours, nous avons vu presque tous vos amis s'empresser egalement a vous accompagner. Quand vous avez entrepris une nouvelle expédition, tous les Medes, de leur propre mouvement, se sont joints a vous. Telle est aujourd'hui la disposition de nos esprits, qu'en quelque lieu que nous soyons avec vous, même en pays ennemi, nous nous croyons en sûreté, et que nous craindrions tout en marchant sans vous, fût-ce pour retourner dans notre patrie. Les autres peuvent declarer leurs intentions : pour moi, Seigneur, et tous ceux qui sont sous mes ordres, nous ne nous séparerons point de vous; votre présence nous fera tout suppor ter, et vos bienfaits animeront notre courage. »

Après ce discours, Tigrane prenant la parole : « Seigneur, dit-il, ne soyez pas surpris, si je garde le silence : je ne suis point ici pour délibérer, mais pour exécuter ce que vous ordonnerez. » — « Medes, dit ensuite le prince des Hyrcaniens, si vous partiez, je vous y croirais poussés par quelque génie malfaisant, ennemi de votre bonheur. Quel homme, s'il n'est pas dépourvu de sens, s'aviserait de tourner le dos à des ennemis qui fuient, ou refuserait, soit de prendre leurs armes quand ils offrent de les rendre, soit de les recevoir eux-mêmes quand ils viennent livrer leurs personnes avec tout ce qu'ils possèdent, surtout ayant un general comme le nôtre, qui, je ne crains pas de le dire en attestant les Dieux, trouve plus de plaisir à nous procurer des richesses qu'à grossir son trésor. » Tous les Medes s'écrièrent : Seigneur, vous nous avez tirés de notre patrie ; vous nous y remènerez, quand vous le jugerez à propos. Cyrus touché de leur zèle adressa cette priere à Jupiter : Grand Dieu, faites que je puisse surpasser par mes bienfaits l'attachement qu'ils me témoignent ! Ensuite il leur dit qu'ils pouvaient demeurer tranquilles, quand ils auraient posé les sentinelles. En meme temps, il enjoignit aux Perses de faire le partage des tentes et de donner les plus commodes aux cavaliers, les autres aux fantassins ; il leur recommanda de plus d'obliger les valets à préparer chaque jour ce qui était necessaire pour les soldats, à le porter exactement aux differentes compagnies et à mener aux cavaliers les chevaux tout pansés, en sorte que les Perses n'eussent à s'occuper d'autre chose que de la guerre. Ces détails remplirent la journée.

Le lendemain matin, l'armée se mit en marche pour aller joindre Gobryas. Cyrus était à cheval avec les cavaliers Perses au nombre d'environ deux mille, suivis d'autant de gens de pied, qui portaient leurs boucliers et leurs épées (1) : le reste des troupes suivait en bon ordre. Cyrus chargea les cavaliers d'avertir les fantassins nouvellement attachés à leur service, que quiconque d'entre eux serait surpris hors des rangs, soit au-delà de l'arrière-garde, soit en avant sur le front de l'armée ou sur les côtes, serait sévèrement puni. L'armée arriva le jour suivant vers le soir au château de Gobryas : elle trouva une place très forte. Les remparts étaient garnis de toutes les machines propres à repousser les attaques de l'ennemi ; derrière ces ouvrages extérieurs on avait rassemblé une grande quantité de bœufs et d'autre bétail. Gobryas fit prier Cyrus de visiter à cheval les dehors du château, pour examiner s'il y avait quelque endroit faible et de lui envoyer des hommes de confiance, qui pussent à leur retour lui rendre compte de l'état de l'intérieur. Cyrus voulant s'assurer si la place était vraiment imprenable, et si Gobryas ne le trompait pas, en fit le tour ; il remarqua qu'elle était si bien fortifiée de toutes parts, que l'accès en serait effectivement impossible. Ceux qui avaient été envoyés à Gobryas rapportèrent que les munitions y étaient en une telle abondance, qu'à leur avis elles suffiraient pour nourrir ceux qui l'habitaient autant d'années que dure la

(1) Ces gens de pied sont des esclaves Perses, Mèdes, Ciliciens, Grecs, etc., qui se trouvèrent dans le camp des Assyriens lorsque Cyrus s'en empara et auxquels il rendit la liberté, à condition qu'ils suivraient la cavalerie. Voy. L. IV, p. 348.

vie d'un homme. Ce rapport causa quelque inquiétude a Cyrus; il en était occupe, lorsque Gobryas vint a lui, accompagne de tous ceux qui etaient dans le château, les uns chargés de vin et de farine, les autres amenant des bœufs, des cochons, des brebis, des chevres. En un mot, ils apportaient de quoi donner a l'armee un souper splendide. Les gens charges de faire cuire les viandes se mirent a les couper et préparèrent le repas.

Gobryas ayant fait sortir tout le monde du château, invita Cyrus a y entrer en prenant les precautions qu'il jugerait nécessaires pour sa sûrete. Le prince, après avoir détache quelques uns des siens pour visiter les lieux, s'approcha de la place, précede d'un corps de troupes. En y entrant, il ordonna qu'on tînt les portes ouvertes, afin que tous ses amis et les principaux chefs pussent le suivre. Lorsqu'ils furent rassemblés, Gobryas apporta des coupes d'or, des aiguieres, des vases, des bijoux, avec un nombre infini de dariques (1) et d'effets précieux; puis il amena sa fille, qui joignait a la beaute du visage la taille la plus majestueuse. Elle parut en habit de deuil, a cause de la mort de son frère.

Seigneur, dit Gobryas, je vous fais don de

(1) On ignore duquel des Darius ces monnaies avaient emprunté leur nom ; on en conserve plusieurs, tant en or qu'en argent, qui ont toutes pour type un archer décochant une flèche. Comme les Dariques d'or étaient reconnues pour être d'une matière très pure, et que les guerres continuelles des Perses avec les Grecs en avaient fait passer un grand nombre dans la Grèce, on donna par la suite le nom de *Darique* à l'or qui se trouvait au titre de cette monnaie; c'est-à-dire à vingt trois carats Voyez les *Recherches sur le Pactole,* par M. l'abbé Barthélemy, dans les *Mém. de l'Acad. des Belles-Lettres,* T. XXI, p. 24 de l'Hist.

toutes ces richesses, et je mets ma fille entre vos mains : vous disposerez de son soit à votre volonte. Permettez-moi seulement, a moi, de renouveler la priere que je vous ai deja faite de venger mon fils, a elle, de vous supplier de venger son frere. Des lors, je vous promis, repondit Cyrus, d'employer tout mon pouvoir a vous venger, si vous ne me trompiez pas. Comme vous m'avez dit la vérite, je dois tenir ma parole, et je l'engage pareillement a votre fille. Puissent les dieux favoriser mes desseins! J'accepte, continua-t-il, les richesses que vous m'offiez, mais pour les rendre à votre fille et a celui qui sera son epoux. Je n'emporterai d'ici qu'un seul de vos dons; celui-la me rendra plus content que si je possédais les immenses richesses renfermees dans Babylone, même dans le monde entier. Gobryas, etonne de ce discours et soupçonnant que Cyrus voulait parler de sa fille, lui demanda quel etait ce don si precieux. Je ne doute pas Gobryas, repondit le prince, que parmi les hommes il n'y en ait plusieurs qui ne voudraient pas commettre une injustice, un parjure, qui même ne mentiraient pas de propos delibere : cependant, parce que personne ne leur confie ni un dépôt considerable d'argent, ni le gouvernement d'un Etat, ni la defense d'une place, ni la garde de ses enfants, ils meurent sans avoir eu aucune occasion de montrer de quoi ils étaient capables. Mais vous, en remettant entre mes mains des biens de toute espèce, des châteaux fortifies, vos troupes, une fille digne d'attirer tous les vœux, vous me fournissez le moyen d'apprendre a l'univers que Cyrus n'est point parjure envers ses hôtes, que l'amour des richesses ne le rend point injuste, qu'il ne manque point volontairement à la foi qu'il a juree. C'est là,

Gobryas, ce don que j'estime plus que tous les autres. Il faudrait que je cessasse d'être équitable et de mériter les éloges qui m'ont été jusqu'ici donnés à ce titre pour que je perdisse le souvenir de l'obligation que je vous ai. Je vous marquerai ma reconnaissance en vous comblant a mon tour de biens et d'honneurs. Vous ne devez pas craindre de manquer pour votre fille d'un mari digne d'elle : j'ai plusieurs braves amis entre lesquels vous pourrez choisir. Je ne vous dirai pas : celui qu'elle aura pour époux sera plus ou moins riche qu'elle; mais je puis vous certifier qu'il y en a parmi eux pour qui les grands biens dont vous la doterez ne seraient pas un motif de rechercher avec plus d'empressement votre alliance. Ceux-là mêmes envient aujourd'hui mon sort et demandent aux dieux de pouvoir montrer un jour qu'ils sont aussi fideles que moi envers leurs amis, qu'ils ne cèdent jamais à l'ennemi, tant qu'ils ont un souffle de vie, à moins qu'ils n'aient le ciel contre eux, et qu'ils font plus de cas de la vertu et de la bonne renommée que de tous les trésors des Syriens et des Assyriens, joints aux vôtres. Vous voyez ici, ajouta-t-il, des hommes de ce caractere. Au nom des dieux, seigneur, reprit Gobryas en souriant, indiquez-les-moi, afin que je vous en demande un pour en faire mon gendre. Vous n'aurez pas besoin de moi pour le connaître, repartit Cyrus : venez avec nous, et vous serez bientôt vous-même en état de les faire connaître aux autres.

Cela dit, Cyrus se leva, prit la main de Gobryas et partit avec ceux qui l'avaient accompagné. On le pressa vainement de souper dans le château : il voulut retourner au camp et emmena Gobryas, qu'il fit souper avec lui. Lorsque le prince se fut couché sur un monceau d'herbes et de feuilles : Croyez-vous, dit-il à Gobryas, avoir plus de lits que chacun de nous? Certes, répondit l'Assyrien, vous avez plus de tapis et plus de lits que moi : votre maison est aussi beaucoup plus vaste que la mienne; la terre entiere et la voûte des cieux forment votre habitation. Ainsi, vous avez autant de lits qu'il y a de places sur la surface de la terre ou l'on peut être couché : vous avez pour tapis, non la dépouille des brebis, mais les broussailles qui croissent sur les montagnes et dans les champs.

Gobryas, qui mangeait pour la première fois avec les Perses, voyant la grossiereté des mets qu'on leur servait, jugea que ses gens étaient beaucoup mieux traites; mais il fut frappé de la tempérance des Perses durant le repas. En effet, quelque espece de mets ou de boissor qu'on présente a un Perse qui a été formé aux écoles dont j'ai parlé, on n'aperçoit ni altération sur son visage, ni inquietude dans ses yeux, ni empressement précipité, ni agitation d'esprit, qui le rende moins capable de reflexion que s'il n'était pas à table. Ainsi qu'un bon cavalier conserve à cheval toute sa tête et peut, en faisant route, examiner, ecouter, parler à propos : de même, disent les Perses, on doit en mangeant restei maître de son âme et de son appétit. Il n'appartient, selon eux, qu'à des chiens et autres animaux voraces d'éprouver quelque émotion a la vue du boire et du manger. Gobryas remarqua qu'ils se faisaient mutuellement de ces questions auxquelles on aime a répondre; qu'ils s'agaçaient par des plaisanteries dont on s'applaudit ordinairement d'être l'objet; qu'ils allaient quelquefois jusqu'a la raillerie, mais de maniere qu'il n'y entrât ni parole offensante, ni geste incivil, ni aucun signe d'aigreur. Ce qui l'étonna le plus fut de voir qu'aucun des Perses ne prétendait avoir une portion de vivres plus considérable que ses camarades, et que tous etaient moins sensibles au plaisir d'un bon repas qu'a celui d'échauffer le courage de ceux qui devaient courir les mêmes dangers. Aussi Gobryas, en se levant pour s'en retourner, dit à Cyrus : Je ne suis plus surpris, seigneur, qu'avec tout notre or, nos vases précieux, nos meubles magnifiques, nous valions cependant beaucoup moins que vous, qui ne possédez pas de semblables richesses. Tandis que nous mettons tous nos soins à les amasser, vous ne travaillez, vous et vos Perses, qu'a vous rendre meilleurs. A demain, Gobryas, reprit Cyrus. Tâchez de nous venir joindre dès le matin, avec vos cavaliers tout armés; j'examinerai l'état de vos forces; puis vous dirigerez notre marche à travers votre pays, en nous indiquant ce qui appartient à nos amis et ce qui est à nos ennemis. Ils allèrent ensuite l'un et l'autre vaquer à leurs préparatifs.

FIN DU TOME PREMIER

TABLE

Paris. — Imprimerie Nouvelle (association ouvrière), 11, rue Cadet.
A. Mangeot, directeur. — 676-93

www.ingramcontent.com/pod-product-compliance
Ingram Content Group UK Ltd.
Pitfield, Milton Keynes, MK11 3LW, UK
UKHW031843260826
14628UKWH00002B/554

9 782019 701987